무조건 마음부터 편하라

무조건 마음부터 편하라

초 판 1쇄 2023년 12월 22일

지은이 이지오
펴낸이 류종렬

펴낸곳 미다스북스
본부장 임종익
편집장 이다경
책임진행 김가영, 박유진, 윤가희, 이예나, 안채원, 김요섭, 임인영

등록 2001년 3월 21일 제2001-000040호
주소 서울시 마포구 양화로 133 서교타워 711호
전화 02) 322-7802~3
팩스 02) 6007-1845
블로그 http://blog.naver.com/midasbooks
전자주소 midasbooks@hanmail.net
페이스북 https://www.facebook.com/midasbooks425
인스타그램 https://www.instagram/midasbooks

© 이지오, 미다스북스 2023, *Printed in Korea*.

ISBN 979-11-6910-422-7 03190

값 18,000원

미다스북스는 다음세대에게 필요한 지혜와 교양을 생각합니다.

백스텝, 나만 알고 싶은 행복의 기술

무조건 마음부터 편하라

글·표지 그림 이지오

미다스북스

마음이 삶이다

『성경』의 「히브리서」에는 다음과 같은 말이 나온다.

> 신이 명하시어 온 우주가 태어난 것을 믿음으로 이해하
> 노니, 시야에 나타난 것들은 보이지 않는 것으로 이루어
> 졌더라. (11장 3절)

여기서 말하는 '시야에 나타난 것'이란 우리의 '삶'을 뜻

하며, 그것을 이루는 '보이지 않는 것'이 바로 인간의 '마음'이다. 마음이 곧 삶의 전부다.

> 마음을 평화롭게 하지 않고 평화를 찾는 일은 물살을 헤쳐 달을 찾는 것만큼 허망하다.
>
> _『채근담』 중

나를 살리는 이기적 친절

"남에게 친절하라."

어릴 적부터 우린 이걸 마치 올바른 삶의 공식처럼 머리로 외우지만 좀처럼 가슴에 와 닿진 않는다.

배우 김아중은 어느 날 영화 촬영 중 잠시 짬이 나 근처 단골 카페에 커피를 사러 갔다. 당시 그녀는 90킬로그램이 넘는 여성으로 특수 분장을 한 상태였다. 평소 친절했던 점원은 그날따라 그녀와 눈도 마주치지 않았다. 주문한

커피가 나오자 그녀는 "감사합니다."라고 말했다. 하지만 점원은 끝내 그녀의 눈길을 피했다. 촬영장으로 돌아오는 내내 그녀는 서러움의 눈물을 흘렸다. 하지만 이게 비단 그녀만의 독특한 경험은 아닐 것이다.

친절은 대개 위계나 이해관계에서 나온다. 대리가 부장과 신입사원을 대할 때의 태도는 분명 다르고, 같은 사람이 채권자와 부채자를 대할 때의 태도도 다르다. 친절이 순수한 마음에서 나오는 일은 정말이지 드물다. 일상에서 볼 수 있는 친절은 대부분 조건부이다.

이 책은 A부터 Z까지 '내가 나를 친절하게 대하는 방법'에 대해 말하고 있다. 본서가 진정한 가치를 지니기 위해선 무엇보다 그 친절이 조건부가 되어선 안 된다. 무조건 나에게 좋은 친절이어야만 한다. 베풀건 받건 어느 쪽이든 내게 좋은 것으로 귀착되어야 비로소 그 친절은 의미를 가질 수 있다. 누구도 남만 좋은 일시키는 일에 진심일 수 없다. 이타성은 인간의 본성이 아니다.

이기적 친절, 그것만이 답이다. 나의 이런 주장은 어릴 적부터 이타성과 희생정신을 강요받은 사람들에겐 퍽이나 도발적으로 느껴질 수도 있다. 진실은 이거다. 이타적 친절만 베푸는 사람은 친절을 싫어하게 된다. 이기적 친절을 베푸는 사람만이 친절을 진심으로 좋아할 수 있다.

'내가 나에게 이기적 친절을 베푸는 방법.'

나는 오직 이 한 가지에 대해서 말하기 위해 이 책을 썼다. 그리고 그것의 목적은 편안한 마음을 얻는 것이다. 나는 편안한 마음이 행복의 가장 확실한 보증 수표라 믿어 의심치 않는다.

내 마음만 편하자고 하다간 올바르지 못한 삶을 살 수도 있지 않겠냐는 반론이 있을 수 있다. 그런 사람에게 나는 걱정도 팔자라고 말해주고 싶다. 왜냐면 사람들의 마음 저울은 이미 올바름 쪽으로 기울어져도 '한참' 기울어져 있기 때문이다.

하지만 그 올바름은 그들 스스로 형성한 항체가 아니다. 기껏해야 사회가 의기투합하여 윤리나 도덕이란 이름으로 주사해놓은 바이러스다. 그것이 우리 삶 전역에 퍼져 광활한 오류지대를 형성하고 있다. 사람들은 부지불식간에 남들의 올바름에 멋대로 감염되어 있다.

나의 행복을 위해선 지금부터라도 저울의 추를 편안한 마음 쪽으로 서서히 옮겨야 한다. 이 책을 읽는 동안만이라도 이타심이니 올바름이니 하는 것들은 싹 다 잊어라. '착한 당신'이나 '개념 있는 당신'은 필요 없다. 내가 원하는 건 '마음 편한 당신'이다. 오직 그것뿐이다.

이 책을 읽는 방법

본서가 갖는 생명력은 독자의 솔직함에서 나온다. 나는 이 책을 읽는 동안 당신의 100% 솔직함을 요구한다. 어차피 나는 개인적으로 당신이 누군지도 모른다. 유명 인사도 아닌 나를 당신도 모를 것이다. 이것은 한편으론 기회다. 서로를 의식할 필요가 전혀 없으니까.

아무것도 신경 쓸 것 없다. 당신 마음을 100% 꺼내 놓아도 된다. 무조건 안전하다. 누구도 당신을 비난하거나 나무라지 않는다.

목차

제7장

슬픈 것들로부터
백스텝하라

제1장

편안한 마음이
진짜 힘이다

삶은 천국도 지옥도 아니다

아침에 어머니가 청소하려고 베란다 문을 활짝 열면 그 뒤로 드넓게 펼쳐진 바다의 윤슬이 반짝거리던 어린 시절, 내 삶은 천국과도 같았다. 서울로 이사 온 10대 시절부터 내 마음은 흔들리기 시작했다. 20대 때 내 마음은 지옥이었다. 이 시기를 나는 어느 시집의 제목을 따 '지옥에서 보낸 한철'로 부르기로 했다.

지금 나는 천국도 지옥도 아닌 그냥 삶을 살고 있다. 있는 그대로의 삶 말이다. 천국에 사는 건 좋은 일이고 지옥에 사는 건 나쁜 일이다. 하지만 둘 다 진정한 의미에서의 삶이 아니다. 삶이란, 천국과 지옥이 혼재돼 있기도 하고 때론 천국이 지옥처럼 지옥이 천국처럼 보이기도 하는 그림자놀이와 같다.(네덜란드 출신 판화가 M.C. 에셔는 〈악마와 천사〉라는 작품을 통해 이러한 삶의 내재성을 감각적으로 구현해냈다.)

산다는 건 이 변화무쌍한 그림자놀이에 참여한다는 뜻이다. 지금 당신이 천국과 지옥 둘 중 한 곳에 머물고자 한다면 그것은 삶을 포기한 거나 다름없다. 한때는 나도 천국 같던 어린 시절을 미친 듯이 그리워했다. 하지만 그 천국은 부모님이 만들어준 세계였다. 거기엔 좋은 것밖에 없었지만, 그 세계의 주인은 내가 아닌 부모님이었다.

내가 내 삶의 주인이 되고 싶다면 천국을 떠나 진짜 삶으로 나와야 한다. 물론 그곳은 천국보다 훨씬 더 위험하다. 도처에 지옥으로 통하는 싱크홀이 뻥뻥 뚫려 있다. 여기서 우린 기회비용이란 걸 배운다. 자유를 구입하려면 위험이란 값을 지불해야 한다. 이 기회비용을 기꺼이 지불하고자 하는 게 독립이자 성숙이다. 내가 치러야 할 기회비용을 어떤 식으로든 타인이 대신 치러 주고 있다면, 그래서 타인이 내 삶을 천국으로 만들어주고 있다면 당신은 행복한 노예로 살고 있는 것이다.

자, 여기 두 가지 삶이 있다. 안전하고 글래머러스하지만 타율적이고 예속된 삶 혹은 다소 위험하고 예측불허지만 자율적이고 자기 주도적인 삶. 당신은 어느 것을 택할 것인가?

더 이상의 상처는 필요 없다

앞선 질문에 대한 답으로 전자를 택했다 해서 당신을 비난할 생각은 추호도 없다. 삶은 단지 B(Birth)와 D(Death) 사이의 C(Choice)라고 하지 않던가. 행복한 노예로 사는 것도 당신 자유다. 그게 오롯이 당신의 선택이라면 말이다. 다만 당신은 이 책을 읽을 필요가 없다는 사실만 미리 밝혀둔다. 나는 오로지 후자를 택한 사람만을 위해 이 책을 썼다. 천국의 노예가 되기를 거부하고 아무것도 약속받지 못한 진짜 삶으로 뛰어들기로 한 사람 말이다.

나는 당신을 별천지에 데려다 줄 수도 없고 그러고 싶은 마음 또한 없다. 나는 당신이 감내해야 할 고통을 있는 그대로 마주하는 사람이 되길 바란다. 하지만 그렇다고 해서 무턱대고 고통과 맞서라는 건 아니다. 우선 힘을 길러야 한다. 80억 명의 타인과 섞여 살면서 나 자신을 지켜내기 위해선 혼잡한 도로 위 거대한 트럭과 같은 내면의 힘을 갖추어야 한다. 다른 차들이 와서 부딪혀봤자 자기들 손해라고 믿게 만들어야 한다. 그런데 이 정도로 강한 내면을 갖기 위해서 우린 우선 불편한 몇 가지 계제를 밟아야 한다.

가장 먼저 내가 마음의 고통을 겪고 있다는 사실을 인정해야 한다. 그리고 그 고통에 내가 취약하다는 사실 또한 인정해야 한다. 우린 나 자신이 무언가에 취약하다는 사실에 곧잘 수치심을 느끼기 때문에 그 사실을 애써 부정하고 센 척한다. 하지만 센 척만 하다 보면 진짜로 세질 시간이 없다. 우린 '진짜로' 세져야만 한다. 센 사람은 척할 필요가 없다. 당신이 사람인 척할 필요가 없듯이 말이다.

천국은 없다. 지옥 또한 없다. 당신이 스스로 마음속에 그것들을 만들어내지만 않는다면 말이다. 지금 당신이 있

어야 할 곳은 다양한 가능성이 공존하는 완전한 미지의 공
간이다. 나와 함께 그곳에 가보지 않을 텐가.

사랑스런 자여, 추운 겨울은 끝났고 비는 전부 그쳤다.
이제 일어나서 나와 함께 가자.

_ 『성경』, 「아가서」 2장 10~11절

삶을 살기 VS 생존하기

삶은 항상 어딘가를 향해 가고 있다. 당신이 태어난 순간 이미 신호총은 "빵!" 하고 발사됐다. 어떤 사람은 삶이 죽음을 향해 가고 있다고 말하고, 어떤 사람은 천국을 향하고 있다고 한다. 나는 '삶은 단지 가고 있을 뿐'이라고 말한다. 어디를 향해서? 나는 그 어디를 항상 빈칸으로 남겨둘 것이다. 내가 죽는 그 순간까지.

살아 있는 건 모두 생동한다. 지구도 계속 회전하고 이동한다. 심지어 우주도 계속 커지고 있다. 오직 인간만이 그대로 멈춰 있으려 한다. 갇혀 있거나 안주安住하면서. 그것은 삶(living)이 아니라 생존(breathing)이다. 목숨만 부지하는 건 진정한 삶이라 할 수 없다. 그것은 구멍 뚫린 자동차에서 기름이 새듯 시간만 낭비하는 꼴이다. 나이를 먹을수록 시간이 빨리 가는 것처럼 느껴지는 것도 인생의 목적이 점차 삶에서 생존으로 바뀌기 때문이다.

아무리 오래 살아봤자 인간 대부분은 채 백 년도 못 산다. 우주의 나이가 138억 년이란 걸 감안하면 한 사람의 삶은 장편 영화의 쿠키 영상만도 못 하다. 그 짧은 시간 동안 줄줄 새는 시간만 지켜보는 게 진정 당신이 원하는 삶인가?

진정 편할 줄 아는 당신이 챔피언

모두가 입을 모아 말한다.

"사는 게 힘들다."

당연하다. 사는 데에는 분명 힘이 든다. 우리 어머니는 평소 『거울 나라의 앨리스』에 나오는 '제자리에 머물고 싶으면 죽어라 뛰라.'는 말을 좋아하는데, 그래야 하는 이유는 가만히 있으면 삶이 언제나 안 좋은 쪽으로 흐르기 때문이다. 그래서 어머니는 실제로 매일 집 앞 산책로를 죽어라 뛴다. 그렇게 40년째 20대 때 몸무게를 유지 중이다.

삶은 헬스장의 트레드밀 같아서 가만히 서 있으면 계속

해서 우리를 자빠뜨리려 한다. 열역학 제2법칙만 봐도 세계는 힘을 얻는 방식보다는 빼앗기는 방식으로 흐른다. 그러니 우리가 삶을 살아내려면('잘 사는' 게 아니다. 단순 '살아내기'만을 위해서도) 힘이 무지막지하게 많이 든다. 그래서인지 예부터 인간의 가장 큰 목표는 힘의 소유였다.

한때는 주먹이 가장 큰 힘이었다. 나는 이것을 1세대 힘이라 부른다. 개인 차원에선 말 그대로 주먹, 국가적으로 보면 군사력이다.

2세대 힘은 지식이다. 학창시절 우리 반 담임선생님은 어느 날 성적이 나쁜 일진들을 벌주면서 이렇게 말했다.

"니들이 지금 주먹깨나 쓴다고 우쭐대지만, 나중엔 니들이 지금 공부벌레라고 놀리는 쟤네 집 경비로 일하고 있을 거다."(특정 직업 비하 논란이 있을 수 있지만, 당시 워딩을 그대로 옮긴 것이니 양해 바란다.)

그리고 마지막 3세대 힘이 바로 마음이다.

대한민국은 광복을 이루고 6·25의 악몽에서 벗어나 이제는 세계 10위권 경제 선진국 반열에 올랐다. 특히 반도체·컴퓨터·휴대폰 등 첨단 기술 분야의 덕을 톡톡히 보았다. 군사력 또한 세계 6위권(핵무기를 제외한 재래식 전력 기준)인 한국은 이제 2세대 힘까진 갖추었다. 하지만 한국인의 행복 지수는 여전히 OECD 국가 중 꼴찌 언저리를 맴돈다. 전 세계 국가를 대상으로 해도 50점 수준에 그친다. 1세대와 2세대 힘의 크기가 행복지수와 꼭 비례하는 건 아니라는 반증이다.

이제 우리는 3세대 힘인 마음에 주목해야 한다. 지금까지 군사력과 경제력이 현실의 지표 역할을 했다면, 이제 마음이 그 자리를 대신할 차례다. 물론 마음만 편하다고 해서 완전한 행복을 얻을 수 있는 건 아니다. 1·2세대 힘이 결핍된 상태로는 삶은 여전히 불안정하다. 중요한 건 우선순위다. 중요성이 3(마음)→2(지식)→1(무력) 순으로 가야지, 그 반대로 가선 안 된다는 말이다.

이제 막 한국인은 2세대에서 3세대로 힘의 패러다임이 전환되고 있음을 깨닫기 시작했다. 마음이 편치 않으면 힘과 지식도 다 허사라는 걸 점점 더 많은 사람이 이해하고 있다. 하지만 그에 따른 실천은 따라주지 못하는 실정이다. 여전히 한국 사람들이 자신의 마음을 지키기 위해 하고 있는 노력이란 게 노상 '외면하기' 수준에 그치고 있다. '마시고 잊자.' 식의 폭음과 하루 종일 휴대폰만 들여다보기 등이 그것이다.

이제는 자신의 마음을 편하게 바라볼 수 있는 방법에 대해 논할 때이다. 한국 사람들의 행복지수가 낮은 건 3세대 힘에 대한 인식이 부족해서가 아니라 그 방법이 잘못되었기 때문이다.

아무리 외면하려 해도 마음은 우리 안에 24시간 기거한다. 불안한 마음, 상처받은 마음을 못 본 척하면 당장은 편해도 머잖아 심각한 문제를 일으킬 게 뻔하다. 부모로부터 외면당한 아이가 각종 비행이나 기행을 일삼아 자신의 존재감을 드러내려 하는 것처럼 말이다. 마음도 똑같다. 마음은 그것의 보호자인 우리가 자신을 외면하지 않고 돌봐주기를 간절히 바라고 있다. 지금 이 순간에도.

나의 마음이 하는 말에 온 체중을 실어 귀 기울여야 한다. 지금 당신과 당신 마음 사이에는 수많은 오해와 갈등이 쌓여 있다. 당신이 그것을 외면했기 때문이다. 이 책은 내 마음이 하는 말을 경청하여 그 오해를 푸는 방법을 알려줄 것이다. 그리고 그렇게 해야 하는 이유는 오직 하나, '편안한 마음을 갖기 위해서'이다.

시간이 없다. 이제는 가야 한다. 당신의 마음을 만나러 갈 채비를 해야 한다. 어쩌면 이미 조금 늦었다. 그 옛날 지혜롭기로 소문난 거백옥도 50세가 되어서야 다음과 같은 사실을 깨달았다.

'지난 49년간 내가 헛살았구나.'

49년을 헛산 게 자랑은 아니지만 그걸 50세에 깨닫고 새로운 삶을 살려고 하는 건 훌륭하다 할 만하다. 헛살아온 건 낭비여도 헛살았다는 걸 깨닫고 고치려는 건 성장이니까. 지금 당신도 일생일대의 성장의 기회를 맞았다. 당장 당신의 마음에게 알려라.

"지금 만나러 갑니다."

제2장

백스텝이란 무엇인가

마음을 중시하지도 없애지도 말라

"마음을 중시하지 말라."

이 말을 내가 처음 들었다면 아마도 이렇게 생각할 것 같다.

'살다 보면 마음보다 중요한, 당장 해결해야 할 현실적 문제가 더 많다는 소리겠지…?'

다시 말하지만, 본서는 마음에 관한 책이다. 지금 당신이 마음 때문에 힘들다면 이 책을 제대로 선택한 게 맞다. 그런데 왜 마음을 중시하지 말라는 걸까?

전 세계 마음 구루(전문가 혹은 권위자)들은 입을 모아 말한다.

"마음의 힘을 무시하지 말라."

"성공도 좋고 돈도 좋지만, 무엇보다 중요한 건 마음이
다."

맞는 말이다. 가만. 방금 전엔 마음을 중시하면 안 된다
더니?

결론부터 말하자면, '마음을 중시해야 한다.', '중시하면
안 된다.'라는 말은 모두 맞는 말이다. 다만 내가 걸리는
건 여기서 '중시'라는 부분이다. 그 말을 통상적 의미로 해
석하면 마음을 너무 심각하게 받아들이게 된다. 그렇게 되
면 마음의 문제를 수월하게 다룰 수 없다.

그저 그런 회사보다 꿈에 그리던 회사의 취업 면접을 망
칠 확률이 높다. 조기축구회보다 월드컵 결승에서 페널티
킥을 실패할 확률이 높다. 술자리 벌칙으로 아무한테나 전
화번호를 물을 때보다 길에서 첫눈에 반한 이상형에게 물
을 때 얼뜨기 같은 표정을 지을 확률이 훨씬 더 높다. 이게
다 후자를 너무 중시했기 때문이다.

마음도 마찬가지다. 우리는 그것을 중시하지 않을 때 마

음을 훨씬 더 잘 다루었다. 마음이란 개념조차 모르던 어린 시절에 가장 마음이 편했던 것처럼 말이다.

내 마음을 수억 원대의 페라리로 여겨선 안 된다. 그러면 미세한 스크래치 하나에도 가슴이 철렁 내려앉는다. 굳이 페라리로 여기고 싶다면 나 자신을 세계적 축구선수 호날두로 여겨라. 그는 어느 날 4억 원짜리 페라리를 몰다가 사고를 내서 휴지 조각으로 만들었지만 눈 하나 꿈쩍하지 않았다. 그 정도는 얼마든지 다시 살 수 있었기 때문이다.

마음을 중시하지 말라고 해서 AI처럼 무감정 상태로 살라는 건 아니다. 심적 고통을 겪는 사람은 '내 심장이 돌처럼 굳어버렸으면' 하는 생각을 하기도 하는데, 그것은 무감각한 마음을 편안한 마음으로 착각하기 때문이다. 멈춘 마음과 편안한 마음은 엄연히 다르다.

사실 마음은 결코 멈추지 않는다. 마음에게 단짝 친구가 있다면 그건 바로 심장이다. 우리 몸속에서 심장이 뛰는 한 마음도 늘 함께 움직인다. 따라서 마음을 멈추려는 노력은 심장을 멈추려는 것과 같다. 그것은 마음에 더 큰 동요를 일으킨다. 긴장할 때 "심장아 나대지 마."라고 하면 더욱 긴장하는 것처럼 말이다.

백스텝 없는 삶은 지옥이다

최근 외로움이 매일 담배 15개비를 피우는 것만큼 건강에 해롭다는 연구결과가 나왔다. 그렇다 해도 우린 외롭고 외롭고 또 외로워져야 한다. 외로움(loneliness)을 타라는 게 아니다. 외(individual)로서 존재하라는 말이다. 외, 즉 하나의 독립체로서 존재하지 못하는 사람은 평생 마음에 상처를 입고 살 수밖에 없다.

그 이유가 여기 있다. 다음과 같은 상황을 생각해보자. 여기 한 쌍의 연인이 있다. 그들은 서로를 아낀다. 취향도 비슷하고 말도 잘 통한다. 그들은 자기들이 이체동심

임을 믿어 의심치 않았다.

그런 그들이 어느 날 함께 카페에 간다. 여자는 카운터에서 주문을 하고 남자는 뒤에서 기다린다. 계산을 마친 여자가 영수증을 기다리는 동안 우연히 벽에 붙은 프로모션 음료 사진을 보게 된다. 그녀는 마음이 바뀐다. 그리고 점원에게 말한다.

"저 죄송한데, 방금 꺼 취소하고 저 포스터 속 음료로 다시 주문할게요."

"아이 씨."

들었다. 분명히 들었다. 방금 전 점원의 입에서 아주 작지만 '아이 씨.'라는 세 글자가 분명히 튀어나왔다.

여자가 점원에게 말한다. "저기요, 됐으니까 그냥 환불해주세요."

남자친구는 황당해한다. "자기야, 갑자기 왜 그래?"

여자는 환불을 받고 남자를 조용히 카페 구석으로 데리고 간다.

"다른 데 가자. 여기서 못 마시겠어."

"뭐? 대체 왜 그러는데?"

"저 사람, 방금 내가 주문을 다른 걸로 바꿨더니 '아이 씨.'라고 하더라고."

"엥? 진짜야? 자기가 잘못 들은 거 아냐?"

"뭐라고? 그걸 내가 왜 잘못 들어? 나는 분명히 들었어. '아이 씨.'라고 한 걸."

"음……. 사실이면 쫌 별로긴 하지만 그냥 여기서 먹자. 밖에 날도 춥고…. 그리고 먼저 여기 오자고 한 것도 자기 잖아."

"뭐? 내가 먼저 오자고 했으니까 그냥 잠자코 있으라는 거야? 내가 뭐 커피 못 마셔서 환장했어? 난 여기 자기랑 즐거운 시간 보내려고 온 거야. 그런데 기분을 망치면서까 지 계속 있자고? 자기는 내 기분은 전혀 생각 안 해?"

"아니 별것도 아닌 일 갖고 왜 그렇게 예민하게 굴어?"

"뭐? 별 게 아니라고? 그래, 자기가 직접 당한 일 아니라 이거지? 자기는 평소에 별것도 아닌 일 갖고 끄떡하면 삐 치면서!"

"뭐? 방금 뭐라고 했어?"

내 지인의 사연이기도 한 이 이야기는 우리 일상에서도

얼마든지 벌어질 수 있는 일이다. 사소한 말다툼 같지만 한 커플이 헤어지는 발단이 되기도 한다.(내 지인은 실제로 이 사건을 계기로 헤어졌다.) 이 이야기에서 잘못은 누구한테 있을까?

사실 잘못한 사람은 아무도 없다. 각기 다른 입장이 존재할 뿐이다. 점원은 점원대로, 여자는 여자대로, 남자는 남자대로 각자 그렇게 행동할 수밖에 없었던 나름의 이유가 있었던 것이다. 다만 그들은 나 말고 상대방의 입장은 전혀 고려할 수 없었다. 왜?

'나는 그 사람이 아니니까!'

세 사람은 하나의 상황에 대해 첨예하게 다른 입장을 가진 사람들이었다.

카페 점원은 하루에도 수백 건의 주문을 받는 사람이었고, 모든 오더가 매끄럽게 진행되길 바라는 사람이었다. 바쁠 때 오더에 차질이 생기면 순간적으로 짜증이 나기도 하는 사람이었다.

여자는 오늘 데이트가 즐겁게 마무리되기를 바라던 사람이었고, 설령 내가 주문을 바꾸더라도 점원이 친절하기를 기대했던 사람이다. 그리고 그 기대가 어긋났을 때 불편한 마음을 남자친구가 알아주기를 바라는 사람이었다.

남자 또한 오늘 데이트가 즐겁기를 바라던 사람이었고, 설령 카페 서비스가 조금 맘에 들지 않더라도 그곳에 남기를 바라는 사람이었다. 그리고 자기가 볼 땐 별것 아닌 일에 여자친구가 과민 반응하지 않기를 바랐다.

세 사람 모두 우리가 흔히 말하는 '괜찮은' 사람일 수 있다. 하지만 그들은 이날 서로에게 지옥 같은 존재가 되고 말았다. 이것은 우리에게 한 가지 진실을 알려준다. 천사들이 모여 지옥을 이룰 수도 있다는 것 말이다.

사르트르의 경구警句이기도 한 '타인은 지옥이다'에서 타인은 나와 입장이 다른 사람을 뜻한다. 서로 입장이 다른 개개인은 한 줌의 모래알로 뭉쳐 있는 게 아니라 낱개의 돌로서 분리되어 있다. 모래알 한 줌과 돌 한 개의 차이는 무엇일까?

그것은, 돌에는 한 줌의 모래알에는 없는 명확한 윤곽이 있다는 것이다. 한 줌의 모래알은 바람이 불면 흐트러지면서 그 모양이 바뀌지만, 돌은 원래의 윤곽을 잃지 않는다.

그 윤곽선을 이루는 게 바로 '남과 다른 입장'이다.

그러면 첨예한 경계선을 가진 이 두 개의 돌이 만날 땐 어떻게 될까? 그들은 부싯돌이 된다. 둘은 섞이지 않고 충돌하여 서로를 깎아낸다. 그리고 그 사이에선 불꽃이 튄다. 타인과 함께 사는 삶은 시도 때도 없이 불꽃이 튀는 지옥불에서 사는 것이다.

그런데 대체 누가 지옥에서 살고 싶어 하겠는가? 아무도 그러고 싶지 않다! 그럼 우린 어떻게 해야 할까? 여기 두 가지 선택지가 있다.

첫째는, 지옥의 조건 부분을 바꿔 주는 것이다. 즉 타인과 섞이지 않고 그들로부터 완전히 고립되어 사는 것이다.

둘째는, 지옥이란 이름을 '삶'으로 바꿔주는 것이다. 나와 입장이 다른 사람들과 함께 사는 걸 그냥 삶이라 부르기로 하고, 삶을 사는 한 타인과의 충돌은 불가피하다는 걸 인정하는 것이다.

두 번째가 더 합리적으로 보이지만, 그렇다 해도 나와 입장이 다른 80억 개의 돌과 부딪히며 사는 건 여전히 힘든 일이다. 그러므로 우리에겐 그들을 견뎌낼 수 있는 힘,

즉 편안한 마음도 함께 필요하다. 그리고 그 편안한 마음을 얻을 수 있는 가장 확실한 방법이야말로 앞으로 이 책에서 소개할 '백스텝'이다.

나와 마음 사이의 간격

20대를 흔히 인생의 황금기라 한다. 그것은 마치 도라에몽의 주머니처럼 온갖 흥미로운 것들로 가득하다.

젊은 에너지, 무한한 가능성, 불현듯 찾아오는 사랑, 수많은 기회….

그런데 제아무리 영화 〈테넷〉의 인버전(시간의 흐름을 역행하는 가상의 과학 기술)이 가능한 세상이 온다 해도 나는 백스텝을 모르던 20대로 돌아갈 생각이 추호도 없다. 너무도 고통스러웠기 때문이다. 그렇다면 백스텝이 대체 뭐길래 내가 회춘까지 고사하겠다는 걸까?

백스텝은 첫째, 내가 내 마음에 다가가는 기술이다.

백스텝은 예전에 어느 픽업아티스트가 했던 말에서 내가 차용한 단어다. 그는 길에서 우연히 맘에 드는 사람을 발견하면 딱 두 가지만 하라고 했다.

"저기요."와 백스텝.

우선 "저기요."라고 상대를 불러 세운 뒤 곧장 한 걸음 물러선다. 왜? 무언가가 잘 보일 때 우린 안심하기 때문이다. 너무 바짝 다가가면 상대는 나를 제대로 볼 수 없어 불안해지고 그러면 부정적 반응이 나올 확률도 당연히 높아진다.

마음도 마찬가지다. 마음의 주인인 내가 보이지 않을 때 그것은 불안해한다. 그때 내가 보이지 않는 이유는 내가 그것(마음) 안에 갇혀 있기 때문이다. 그러므로 백스텝은 내가 마음에 내 얼굴을 먼저 보여주고 다가가는 행위라 할 수 있다.

둘째, 백스텝은 나와 내 마음을 소통시키는 기술이다.

우연히 길에서 옛 친구와 상면하면 반가워서 얼싸 안을 것이다. 하지만 그 상태론 상대의 얼굴을 볼 수도 대화를 나눌 수도 없다. 안고 있는 팔을 풀고 두 자쯤 물러서야 그 사람 얼굴이 보인다. 그때 비로소 둘은 다음과 같은 대화를 나눌 수 있다.

"내가 알던 네가 진짜 맞구나!"

"그럼 나 맞지! 너도 진짜 너 맞지?! 그동안 잘 지냈어?"

소통은 둘 사이의 간격에서 이루어진다. 공을 쥔 양손을 비어 있는 미용 티슈 곽에 넣고 저글링을 한다고 상상해보자. 제 아무리 엔리코 라스텔리(이탈리아의 전설적인 저글러)라도 한 개도 하기 힘들 것이다. 공을 던지고 받을 공간, 즉 간격이 없기 때문이다.

나와 내 마음의 관계도 마찬가지다. 둘 사이에 간격이 확보되어야 원활하게 소통할 수 있다. 간격 없는 마음은 출근 시간 급행 9호선처럼 지옥이 되고 만다. 나와 내 마음의 분리가 백스텝의 대전제이다.

혹시 '요가'란 말을 들어봤는가? 너무 무시하는 것 아니냐고? 그렇다면 그 뜻도 알고 있는가? 요가는 원래 멍에란 뜻의 영단어 yoke와 관련 있는 말이다. 알다시피 멍에는 소와 달구지를 연결하는 도구이다. 요가도 연결을 목적으로 한다. 나와 신성神性의 연결을. 그리고 그것은 오직 '나와 마음의 분리', 즉 백스텝을 통해서만 가능하다.

요가 동작을 수행하는데 온 신경을 집중하다 보면 마음 속에 갇혀 있던 나는 그곳에서 빠져나오게 된다. 그러면서 자연스럽게 나와 마음 사이엔 간격이 형성된다. 그리고 그 간격을 신神이 파고든다. 그곳에 갈등 같은 건 없다. 왜냐 면 신과 투쟁할 수 있는 존재란 없기 때문이다.

예부터 마음의 평화를 찾던 현자들은 하나같이 백스텝 을 통해 이곳도 저곳도 아닌 '그 사이 어딘가'에서 답을 구 했다. 인간은 짐승과 초인 사이에 걸린 밧줄이라고 말한 니체가 그랬고, 불법佛法은 차안에서 피안으로 건너는 뗏목 과 같다고 한 부처가 그랬고(부처도 요가 수행자였다.), 평 안(아타락시아ataraxia)은 이거다 저거다라는 판단에서 물러 난 상태(에포케epoche)라고 말한 피론주의자들이 그랬다.

간혹 일본식 잔재의 계보를 디밀며 사용을 삼갈 것을 주 장하는 사람들이 있지만, 나는 인간人間이란 말을 좋아한 다. 이 단어의 무려 절반을 '사이 간 자(間)'가 채운다는 사 실이 맘에 든다. 나라는 존재의 절반은 마음과의 간격으로 비어 있어야 함을 뜻하리라.

  편안한 마음을 갖기 위해선 나의 마음과 소통해야 하고, 그러기 위해선 우선 나부터 마음속에서 빠져나와 그것의 얼굴을 봐야 한다. 사육사가 동물과 함께 우리(cage) 안에 갇혀 있으면 대체 그들을 어떻게 돌볼 것인가?

생후 10분의 순간으로 돌아가라

백스텝을 처음 할 때 가장 중요한 건, 먼저 내가 내 마음에 완벽하게 솔직해진 후 이와 같은 질문을 하는 것이다.

'나의 마음은 지금 정말로 괜찮은가? 거기엔 아무런 상처도 없는가?'

이 질문은 곧장 당신을 불편하게 만든다. 마음의 상처는 나약하고 소심한 사람이나 받는 거라고 치부해왔기 때문이다. 그것은 센 척하길 권장하는 사회가 주입한 믿음이다. 그러므로 백스텝의 초입은 불편함과의 만남이라고도 할 수 있다. 하지만 몸이 아픈 걸 인정하지 않으면 우린 병을 고칠 수 없다.

그 불편한 과정을 헬스장에 처음 등록할 때 받는 인바디 체크로 여겨라. 인바디를 측정하면 당장 내 몸 상태가 적나라하게 드러난다. 체중, 체지방량, 체질량 지수 등 알고 싶지 않은 수치들이 쏟아져 나온다. 하지만 그건 나를 망신주기 위함이 아니다. 지금 내 몸 상태를 정확히 파악하고 앞으로 어떤 운동과 식단을 짜야 할지 연구하려고 재는 것이다.

앞으로 백스텝에 대해 알아가면서 당신이 깨닫게 될 사실 하나는, 그것만큼 나에 대한 비난과 거리가 먼 행위도 없다는 것이다. 백스텝은 무조건 나를 위한 것이다.

다행인 건, 인바디 결과는 트레이너도 함께 보지만 내 마음은 오직 나만 볼 수 있다는 거다. 내 마음 측정 결과를 두고 아무도 뭐라 하지 않는다. 나만 내 마음을 비난하지 않는다면 우린 백스텝을 인생 최고의 경험으로 가져갈 수 있다.

그럼 여기서 의문 하나가 생길 것이다.

'백스텝으로 마음에서부터 물러선 곳, 그곳은 어디인

가?'

나는 그곳을 고향이라 부르고 싶다. 왜냐면 우리 모두가 한 번씩 그곳에 가본 적이 있기 때문이다. 마음에 가만히 귀를 기울여 보면, 그것은 생후 10분의 순간을 무척이나 그리워하고 있다는 걸 알게 될 것이다. 마음속에 갇혀있지 않던 그때를 말이다. 뭐든지 잘하고 싶고 모두에게 인정받고 싶고 그것이 뜻대로 이루어지지 않을 때 고통을 느끼는 마음이 없던 그때를.

마음이 고통받고 있으면 아무리 큰 성공을 거둔다 해도 계속 고통스러울 뿐이다. 몽테뉴의 말처럼 외경심이 절로 들만 한 보좌에 앉아있더라도 그것은 어디까지나 내 엉덩이 밑에 깔려 있기 때문이다. 외려 그 성공에 걸맞은 사람이 돼야 한다는 심적 부담만 가중된다.

고통스런 마음 안에 있으면 아무리 높은 곳에 오른다한들 결코 편안한 마음을 가질 수 없다. 롯데타워 옥상에 올랐다고 서울을 벗어난 걸까? 아니다. 중요한 건 이동이다. 이동해야 그것으로부터 벗어날 수 있다. 어디로 이동하냐고? '뒤'로 가야 한다. 앞으로 이 책을 통해 우리가 가야 할 곳은 마음의 뒤편이다. 그리고 그것은 마음을 내 앞에 둠으로써만 가능하다.

뒤로 간다는 건 어려운 의미가 아니다. 그냥 그것을 본다는 것이다. 인간의 눈은 앞에 달려 있기에 내가 보는 모든 것은 내 앞에 있기 마련이고, 무언가가 내 앞에 있다는 건 그것이 나와 분리되어 있음을 뜻한다.

정리하자면 마음을 내 앞에 두면 나는 내 마음과 분리되고, 만일 내 마음이 지옥과 같다면 난 지옥에서 빠져나온 게 된다. 복잡한 나의 마음을 복잡한 장식이 들어 있는 스노우글로브로 여기고 그 안을 들여다보라. 그거면 됐다. 그 안의 복잡다단한 일은 나와는 아무런 상관이 없다. 지금 그것을 보고 있는 나는 그것과 다른 존재이기 때문이다.

백스텝, 그래서 그게 뭔데?

(1) 백스텝은 실행이다

"악이 승리하는 데 필요한 유일한 조건은 선량한 사람들이 아무것도 하지 않는 것이다."

에드먼드 버크가 한 이 말을 나는 이렇게 바꾸겠다.

"고통이 승리하는 유일한 조건은 아픈 사람이 아무것도 하지 않는 것이다."

시내 대형문고에 가보면 베스트셀러 칸은 언제나 자기계발서로 가득하다. 사람들은 거기서 뭐 하나라도 배우려고 혈안이 되어 있다. 그런데 흥미로운 점은, 자기계발서의 시초라 할 수 있는 새뮤얼 스마일즈의 책 제목이 『자조론』이라는 것이다. 자조란, 스스로 나를 돕는다란 뜻이다. 배우는 것만으로는 아무런 도움이 되지 않는다. 오직 실행만이 변화를 가져올 수 있다.

당신은 이미 마음에 대해 충분히 읽었고 들었고 배웠다. 이제 남은 건 딱 하나, 실행이다. 『묵자』에선 실행의 중요성에 대해 이렇게 말한다.

"선비는 학문이 아닌 실행을 근본으로 삼아야 한다."

칸트도 제발 철학이 아니라 '철학함'을 배우라고 호소하면서 다음과 같은 우화를 들려주었다.

한 노인이 플라톤에게 자신은 덕에 대한 가르침을 들었노라고 말하자 플라톤이 그 노인에게 물었다.

"그래서 대체 언제부터 그 덕을 실행하실 생각입니까?"

(2) 백스텝은 스스로 하는 것이다

"세상을 바꾸고 싶다면 이불부터 똑바로 개라."

어디서 한 번 들어봤음 직한 이 말은 큰일도 작은 일부터 차츰 계제를 밟으라는 조언쯤으로 알려져 있다. 하지만 '내가 할 일은 스스로 하라.'는 충고일 수도 있다.

만화책에 먹지를 대고 따라 그려본 적 있는가? 먹지만 있으면 누구나 이노우에 타케히코나 토리야마 아키라가 될 수 있다. 하지만 백스텝을 할 때 당신이 대고 그릴 먹지 같은 건 없다. 다른 사람이 대신 당신을 마음과 분리시켜 줄 수 없다. 설령 그들이 심리학이나 정신 분야의 권위자라 할지라도 말이다. 오직 당신만 할 수 있다. 당신의 마음이란 미스터리한 동굴을 탐험할 수 있는 건 당신뿐이다.

(3) 백스텝은 힘이다

흥미로운 영화에는 반드시 주인공의 목표와 문제가 등장한다. 영화의 재미는 주인공이 목표를 향해 가면서 문제를 해결하는 데 있다. 내가 내 삶의 주인공이 된다는 것도 일정한 목표를 세우고 그에 도달하는 과정에서 발생하는 문제를 해결하는 존재가 됨을 뜻한다.

백스텝은 당신이 당신 삶의 주인공으로 거듭나는 기회를 줄 것이다. 그것은 데우스 엑스 마키나Deus ex machina처럼 당신의 모든 문제를 한 방에 해결해주지는 않을 것이다. 대신 어떤 문제와도 맞설 수 있는 힘을 길러줄 것이다. 당신이 한 송이 꽃이라면 백스텝은 해충을 날려버리는 강풍이 아니라 병충해를 이겨낼 수 있는 힘을 주는 햇빛이다.

(4) 백스텝은 예방이다

사람들은 항상 마음을 다친다. 그리고 치료를 받는다. 그러면 잠시 괜찮아지는 것 같기도 하다. 당연하다. 치료를 받았으니까. 하지만 그것은 환부가 아물었다는 뜻이지 또다시 다치지 않는다는 약속은 아니다.

우리에게 궁극적으로 필요한 건 치료가 아니라 예방이다. 백스텝은 마음이 다치지 않도록 하기 위한 최선의 예방책이다. 그것은 금연이자 금주며 규칙적 운동과 명상, 건강 식단이다. 치료가 아니라 치료가 필요 없는 삶을 사는 방법이다.

제3장

분노로부터
백스텝하라

한 지붕 다섯 가족

애니메이션 〈인사이드 아웃〉을 보면 우리 마음 안에는 다섯 금쪽이가 살고 있다.

- 버럭이(분노)
- 소심이(두려움)
- 까칠이(경멸)
- 쾌감이(기쁨)(정식 번역 이름은 '기쁨이'지만 나는 이렇게 부르기로 했다.)
- 슬픔이(슬픔)

편안한 마음을 갖기 위해선 쾌감이 정도를 제외하고는 이들 전부를 마음에서 몰아내야 한다고 생각하기 쉽지만, 사실 그건 오해다. 이중 하나라도 없으면 우리에겐 곧장 문제가 발생한다. 〈인사이드 아웃〉에서도 그 점을 명시하고 있다.

버럭이는 자신이 들어가 살고 있는 사람에게 억울한 일이 생기면 강력하게 항의한다. 소심이는 그를 위험으로부터 보호한다. 까칠이는 그가 싫어하는 것들과 거리를 두게 한다. 쾌감이는 기분을 좋게 해준다. 슬픔이가 하는 일은 정확히 무엇인지 모르지만, 한 가지 확실한 건 슬픔이를 포함해 다섯 금쪽이 모두가 좋다고 해야 마음 전체가 잘 돌아간다. 그것이 〈인사이드 아웃〉의 설명이다.

우리가 마음 때문에 고통 받는 건 마음속에 이 다섯 금쪽이가 살기 때문이 아니라 그들과 나의 사이가 나쁘기 때문이다. 버럭이와 사이가 나쁘면 우리 마음 안에 분노조절 장애가 생기고, 소심이와 사이가 나쁘면 공황장애 및 불안 증세가 발생한다. 슬픔이는 우울증이 되고, 까칠이는 히키코모리나 안티소셜이 된다. 쾌감이는 우리를 중독과 방탕으로 이끈다.

그럼 우린 왜 이들과 사이가 나빠진 걸까? 평소 내가 그들을 외면하다가 오직 그들이 문제를 일으킬 때만 관심을 가졌기 때문이다. 그들이 얌전히 있는 23시간 50분 동안은 무심하게 방치하다가 단 10분만 문제를 일으켜도 "넌 문제야!"라고 다그쳤던 것이다.

마틴 루터 킹 목사에게 흑인과 백인은 서로를 왜 그렇게 미워하는지 묻자 그는 이렇게 답했다.

"사람들이 서로 미워하는 이유는 서로 두려워하기 때문이다. 서로 두려워하는 이유는 서로 모르기 때문이다. 사람들이 서로 모르는 건 서로 소통이 없기 때문이다."

편안한 마음의 수복은 평소 내 안의 금쪽이들과 소통하려는 노력과 결부된다. 그리고 일단 소통하기로 마음먹었으면 먼저 다가가야 하는 쪽은 나다. 둘 간의 소통이 끊긴 건 오롯이 내 책임이기 때문이다. 그렇다고 내가 뭔가 크게 잘못했다는 건 아니다. 잘못과 책임은 종종 하나로 묶이지만, 반드시 그런 것만은 아니다. 예컨대 나의 개가 이웃을 물었으면 내 잘못은 아니지만 내 책임이다.

나에겐 나의 마음을 살피고 돌봐야 할 책임이 있다. 그 책임을 다하지 못하면 타인한테도 피해를 준다는 사실을 기억해야 한다. 이 세상 모든 갑질과 폭력, 학대는 자기 마음을 제대로 돌보지 못한 자들이 일으킨다. 그러므로 내가 내 마음과 화해하는 건 나 자신을 지키는 일이기도 하지만 내 주변 사람들, 나아가 사회 전체를 수호하는 길이기도 하다.

앞으로 이어질 내용에선 다섯 금쪽이들이 우리 마음 안에서 어떤 식으로 문제를 일으키는지 살펴보고 그 해결방안을 제시할 것이다. 이제 당신이 준비해야 할 것은 딱 하나, 시간이다. 당신은 그간 당신의 마음을 들여다보는 데 충분히 시간을 쓰지 않았다. 마음은 잘 보이지 않기 때문에 '넷플릭스'나 '유튜브'를 보는 쪽이 훨씬 더 재밌기 때문이다. 이에 대해 『어린 왕자』의 사막여우가 건넨 조언은 시사하는 바가 크다.

"세상을 바로 보려면 가슴으로 봐야 돼. 가장 중요한 건 눈에 보이지 않는 법이거든."

분노를 미지근하게 유지하라

동화 「골디락스와 곰 세 마리」의 주인공 소녀 골디락스는 숲 속에서 길을 잃었다가 오두막 하나를 발견했다. 들어가 보니 아무도 없고 식탁 위에 세 접시의 죽만 덩그러니 놓여 있었다. 하나는 너무 뜨겁고 하나는 너무 차고 나머지 하나는 미지근했다. 골디락스는 미지근한 죽을 먹었다.

한국인은 유독 미지근한 걸 싫어한다.

'밋밋하다', '미적지근하다', '뜨뜻미지근하다', '밍숭맹숭하다', '흐지부지하다', '두루뭉술하다', '어중띠다', '어정쩡

하다'…….

이런 '미지근한' 한국어 표현들은 하나같이 부정적 의미를 담고 있다.

그리고 한국인의 시선은 늘 최'고'와 '저'를 향해 있다. 뉴스를 보면서 최고 통치권자인 대통령의 일거수일투족을 쫓고, 스포츠뉴스에선 누가 오늘 경기의 MVP가 됐는지, 음악방송에선 누가 1위를 했는지 확인한다. 반면 영화나 드라마를 볼 땐 최악의 인간 이야기에 열광한다. 정작 현실에서 마주치는 평범한 사람들에겐 무관심하다. 본인도 그중 하나면서.

분노는 뜨거운 감정이다. 그래서 때론 불로 형상화되기도 한다. 실제로도 분노를 느낄 때 얼굴이 화끈거리고 시뻘겋게 달아오른다. 이러한 느낌을 좋아하는 사람은 아무도 없다.

그런데 여기 좋은 소식이 있다. 인간의 감정에 각각 긍정과 부정 점수를 매긴 데이비드 호킨스 박사에 따르면, 분노는 부정적 감정 중에서 최고점을 받았다.(점수가 높을수록 긍정적 감정에 가깝다.)

분노는 때론 불꽃같은 용기와 창조력을 끌어내기도 한다. 래퍼 에미넴은 자신의 영감이 모두 분노에서 나왔다고 했고 프로듀서 방시혁 또한 분노가 자신의 가장 큰 에너지였음을 고백했다. 분노는 결코 백해무익한 감정이 아니다. 그것을 잘 달래는 방법만 터득하면 얼마든지 나에게 유리하게 활용할 수 있다.

골디락스 이야기에서 우린 한 가지를 배워야 한다. 그녀처럼 우리도 미지근한 죽을 선택해야 한다는 것이다. 미지근한 죽은 누군가가 볼 땐 어정쩡한 죽일 수도 있지만, 한편으론 조금만 데워도 쉽게 뜨거워지고 조금만 식혀도 금방 차가워지는 '호환성 갑'이기도 하다. 살다 보면 뜨거움(열정)이 필요할 때도 있고 차가움(냉정)이 필요할 때도 있다. 이러한 유연성을 발휘하기엔 미지근함이 가장 좋다.

화火와 분노는 다르다. 이 점을 특히 유의해야 한다. 화는 파멸적이고 분노는 생산적이다. 화는 그 옛날 유럽에서 무고한 여성들을 잡아다 마녀라고 누명을 씌운 뒤 처형할 때 쓰던 불이고, 분노는 17억 빚더미에 앉은 백종원이 식당 사업을 일으켜 회생했을 때 그가 주방에서 사용하던 불이다.

화는 '2006 월드컵' 결승에서 지네딘 지단이 느낀 감정이다. 그는 자기 뒤를 따라오던 상대 선수의 도발에 넘어가 뒤돌아서 그의 가슴을 들이받고 퇴장 당했다. 화는 잘 가던 길에 제동을 걸고 역행하게 만든다. 반면 분노는 손흥민에게 푸스카스 골을 안겼다. 들소처럼 덤벼드는 6명의 수비수를 제치고 무려 70미터를 분노의 질주를 한 그는 그해 최고의 골을 넣었다. 분노는 전진하는 자에게 추진력을 달아준다.

마음에서 분노를 없애려 하지 말고 그것을 평소 미지근한 상태로 잘 유지해두었다가 필요할 때 나한테 유리하게 활용할 수 있어야 한다. 당신의 마음을 다이너마이트, 마음속 분노를 다이너마이트의 주성분인 니트로글리세린으로 여겨라. 니트로글리세린은 그 가공할 폭발력 덕에 토목공사나 채굴 작업에 유용했으나 미세한 충격에도 쉽게 폭발한다는 단점이 있었다. 그 때문에 수많은 인명피해가 발생했다. 그러던 중 알프레드 노벨이 니트로글리세린을 규조토에 흡수시켜 안정성을 강화해 개발한 것이 바로 다이너마이트다.

고로 안정성이 떨어지면 다이너마이트(마음)는 제 역할을 못 하는 것이다. 하지만 안정적인 게 좋다고 해서 니트로글리세린(분노)의 폭발력이 지나치게 약하면 그 활용가치가 떨어진다.

당신도 가슴속 화를 안정적으로 관리하라. 그것이 순수 니트로글리세린처럼 아무 때나 폭발하는 것을 경계하라. 대신 화약의 안정성을 높여준 규조토처럼 당신의 마음에도 쿨링 시스템을 가동하라. 여기서 말하는 쿨링 시스템이란 두말 할 나위 없이 백스텝이다.

분노의 세 가지 특성

분노에는 세 가지 특성이 있다. 외로움, 촉박성, 축적성이 그것이다.

(1) 외로움

분노는 외로움에서 태어난다. 언뜻 분노와 잘 어울리지 않는 단어 같지만, 그건 우리가 '외로움'이라 하면 마치 빌리 홀리데이의 음색처럼 구슬프면서도 멜랑콜리한 무드를 떠올리기 때문이다. 그것은 존재론적 외로움으로서 사색과 철학의 영역에 가깝다. 반면 분노를 일으키는 외로움은 존중받지 못한 서러움이다.

분노는 내 존재가치가 통째로 부정당하는 느낌에서 나온다. (적어도 내 기준에선)누구보다 바르게 살아온 나를 형편없는 사람으로 몰아세운 타인에 대한 격한 반발심이다. 그래서 분노는 자주 과잉반응을 동반한다.

(2) 촉박성

분노라는 감정 보따리의 매듭은 단숨에 풀려버린다. 분노에 휩싸인 사람에게는 시간이 없다. 펄펄 끓는 물이 담긴 냄비를 맨손으로 들고 있다고 생각하면 이해가 빠를 것이다. 당장 바닥에 내팽개쳐야 한다. 누가 다치건 말건 내 알 바 아니다.

(3) 축적성

분노는 축적된다. 저녁에 어머니의 잔소리에 버럭 하는

건 낮에 회사에서 분노가 쌓였기 때문이다. 이것이 마음의 야속한 점인데, 기쁨이나 성취감 같은 긍정적 감정은 대개 축적되지 않고 자기들끼리의 서바이벌 오디션을 거쳐 오직 1등만 살아남는다. 입사 지원한 세 군데 회사에 모두 합격했다고 해서 기쁨이 세 배가 되는 게 아니라 1지망 회사에 합격한 기쁨이 나머지 기쁨을 모두 잡아먹는다. 반면 분노는 20년 전 친구가 했던 말 한마디까지도 고스란히 비축해둔다.

버럭이는 존중받고 싶다

　평소 버럭이가 가장 억울해하는 지점은, 자기 이름이 비록 버럭이이긴 해도 그는 결코 버럭 하는 걸 좋아하지 않는다는 것이다. 그가 진정으로 원하는 건 딱 하나, 존중이다.

　손흥민이 같은 팀 동료 요리스와 언쟁을 벌였을 때 그에게 맹렬하게 요구했던 것도 바로 respect(존중)였다. 그가 원하는 건 에이스니 월드클래스니 하는 발림소리가 아니었다. 그저 자신의 플레이에 응당 돌아와야 할 정당한 평가였다. 하지만 자신을 뺀질이로 몰아세우는 요리스의 폄

하를 그는 견딜 수 없었던 것이다.

'자신의 가치를 있는 그대로 인정해주는 것', 존중은 그게 다. 그것이 respect의 참뜻이자 버럭이가 당신한테서 그토록 바라던 것이다.

1965년 미국 LA의 와츠Watts 지역에서 발생해 1,000명이 넘는 사상자를 낸 '와츠 폭동'은 평소 LA 경찰로부터 숱한 차별과 과잉폭력진압을 당하던 흑인들의 분노에서 비롯되었다.

1947년 대만에서 발발, 총 3만여 명의 목숨을 앗아간 '2 · 28 사건'은 대부분 외성인(1945년 일제 치하에서 해방된 후 중국 대륙에서 대만으로 이주한 중국인)으로 구성된 정부가 본성인(일제 패망 이전부터 대만에서 살았던 중국인)을 지독하게 차별하자 그에 대한 분노로써 잉태된 비극이다. 이처럼 분노의 뿌리에는 늘 '존중받지 못함'이 따라온다.

분노에 휩싸였을 때 우린 반응(react)한다. 상대가 한 대 치면 나도 한 대 친다. 언뜻 손해나지 않는 장사 같지만 결국 손해다. 건진 건 하나도 없는데 시간과 감정만 소모했기 때문이다.

게다가 반응하는 사람은 '왜'라는 의미 없는 질문만 반복한다.

"왜 내게 이런 일이 생기는 거지?"

"쟨 대체 나한테 왜 그러는 거지?"

이 같은 비생산적인 질문 대신 버럭이에게 올바른 질문을 해야 한다.

"지금 내가 폭력적으로 반응하는 게 진정으로 네가 원하는 거야? 만일 그렇다면 그렇게 할게."

방금 전까지 씩씩대던 버럭이는 이 말을 듣고 흥분을 가라앉히며 말할 것이다.

"음, 됐어. 괜히 골치 아픈 일 만들어내지 말자."

버럭이가 이렇게 마음을 가라앉힐 수 있었던 건 내가 분노의 대상에게 반응하는 대신 버럭이에게 응답했기 (respond) 때문이다. 응답받은 버럭이는 자신이 존중받았다고 느낀다. 그리고 안심한다. 버럭이가 안심하기 시작하면 내 머릿속을 가득 채웠던 '왜'라는 질문들도 '무엇'으로 바뀌기 시작한다.

"지금의 경험으로 나는 무엇을 배울 수 있을까?"

"이 분노를 내 성장의 발판으로 삼기 위해 나는 무얼 할 수 있을까?"

반응에서 응답으로의 이 같은 전환은 손해가 아니라 수지맞는 행위다. 버럭이와 나의 관계를 개선시키고 내가 분노를 잘 다룰 수 있게 해주기 때문이다.

과거에 집착하는 버럭이

'이렇게 말했어야 했는데!'

언쟁이 끝난 지 한참 후에야, (왜 그런지는 모르겠지만) 특히 샤워할 때 이런 생각이 들 때가 있다. 당장에라도 상대방에게 달려가 그의 말이 왜 틀렸는지, 어떤 점이 모순되는지, 그리고 내가 어떤 점에서 옳았는지를 낱낱이 주워섬겨 상대를 참교육하고 싶어진다.

여기서 우린 분노의 또 다른 특징 하나를 발견할 수 있다. 과거에 대한 집착이 그것이다. 버럭이는 시간을 되돌릴 수만 있다면 무엇이든 하려 한다. 아무것도 하지 못한 과거로 돌아가 상대방에게 본때를 보여주고 싶어 한다.

과거에 대한 집착에서 벗어나지 못하면 당신은 영원한 패자敗者로 남을 뿐이다. 왜냐면 상대는 이제 일상으로 돌아가 자신의 삶을 즐기는 반면 당신은 계속해서 과거에 살며 고통 받기 때문이다. 신은 만인에게 시간을 공평하게 배분했으나 인간은 스스로 그것을 불공평하게 쓰고 있다. 과거에 대한 집착은 당신의 시간을 갉아먹는다. 거기서 건질 거라곤 아무것도 없다.

이 시대 최고의 영적 스승 에크하르트 톨레, 그는 수백만 권이 팔린 『지금의 힘』을 출간하기 몇 년 전만 해도 노숙자나 다름없었다. 하루 대부분을 호수 앞 벤치에 앉아서 보냈다. 남들 눈엔 할 일 없는 사람처럼 보였어도 그의 내면에선 앞으로 그의 철학의 초석이 될 만한 '대전환'이 이루어지고 있었다. 그는 마음속에서 과거와 미래에 대한 집착을 게워내고, 대신 그 자리에 '지금의 힘'을 채워 넣고 있었다.

그날도 그는 호숫가 벤치에 앉아 있었다. 어디선가 꽥꽥 소리가 들려왔다. 호수에서 오리 두 마리가 격렬한 싸움을 벌이고 있었다. 에크하르트는 그 장면을 흥미롭게 지켜보았다. 그들이 만나기만 하면 싸우는 인간처럼 보였기 때문이다. 하지만 곧 자신의 생각이 틀렸음을 깨달았다. 오리는 인간과 달랐다. 싸움이 끝나자 두 오리는 유유히 헤엄치며 각자 갈 길을 떠났다. 마치 아무 일도 없었던 것처럼.

에크하르트는 방금 전 목격한 이 두 오리를 자신의 스승으로 삼기로 했다. 그들은 인간과는 달리 과거에 집착하지 않았다. 싸움은 끝났다. 누가 이기고 지고는 상관없었다. 그것은 이미 지나간 과거이고 중요한 건 지금 이 순간이었다.

한 가지 묻겠다. 당신은 실재實在가 무엇이라 생각하는가? 질문이 너무 추상적인가? 그렇다면 이렇게 바꿔 묻겠다.

"지금 내가 볼 수 없고 만질 수 없고 어떤 식으로든 내가 경험할 수 없는 것. 그것은 실재하는가?"

'그렇다'고 답하는 사람은 귀신과 비행 스파게티 괴물(한 패러디 종교가 만들어 낸 가상의 신) 또한 실재한다고 말해야 할 것이다. 내 기준에선 그것들은 실재하지 않는다.

왜냐면 그것이 지금 내게 아무런 영향도 미치지 못하기 때문이다.

내가 경험으로 만날 수 없는 존재, 고로 내게 조금도 위협을 가할 수 없는 존재는 실재하지 않는 것이다. 때문에 과거와 미래 또한 실재하지 않는다. 과거에 벌어진 비극이 지금 나를 또다시 위협하지 못하고, 미래에 닥칠 재앙도 지금 이 순간에는 내 털끝도 못 건드리기 때문이다.

우린 '방금'을 과거가 아닌 현재로 인식하는 경향이 있는데, 사실 그것도 엄연한 과거다. 방금 전 당신 머리카락을 스치고 지난 총알은 당신이 20년 전에 읽은 신문 기사와 진배없다. 지금의 당신에게 아무런 영향을 줄 수 없다는 차원에선 똑같다.

지금 당신을 분노케 하는 사건 또한 마찬가지다. 사실 그것은 이미 과거에 죽었다. 하지만 당신이 과거를 놓아주지 않고 하염없이 되새김질하기 때문에 분노는 계속해서 살아 돌아온다. 핼러윈 데이의 마이클 마이어스처럼.

늙은 중은 이미 죽어 사리탑이 새로 서고

낡은 벽은 허물어져 글씨가 간데없네.

힘들었던 지난날을 아직 기억하는지?

위는 소동파의 「설니홍조」란 시의 일부이다. 한평생 치열하게 수행하고 절제하고 설법하여 복덕을 쌓은 스님도 죽고 나면 작은 사리탑 하나로만 덩그러니 남을 뿐이다. 인간은 인생을 조금이라도 더 잘 살아보려고 평생 악전고투하지만 삶의 끝에서 돌아보면 그 전쟁 같던 삶도 한바탕 꿈이다.

명심하라. 이미 종료된 사건 때문에 당신이 여전히 분노로 가득 차 있다면 이제부턴 당신 스스로가 당신을 화나게 하고 있는 것이다. 더는 상대 탓을 할 수 없다. 지금 잘못하고 있는 건 당신이다. 에크하르트가 목격한 오리처럼 과거를 떠나보내지 못하고 있는 당신 말이다.

'잘못은 분노유발자에게 있는데 그 책임을 왜 나한테 뒤집어씌우는가?'라는 볼멘소리가 나올 수 있다. 그런데 사실 이것은 당신에게도 좋은 소식이다. 왜냐면 당신 스스로가 당신을 화나게 하고 있다는 건 다른 말로 하면 그 분노를 언제든 당신의 의지로 끝낼 수 있다는 의미이기도 하니까.

발사 명령이든 사격 중지든 결정은 오롯이 당신이 한다. 당신이 사령관이다. 당신이 보스다.

정의롭기보다는 친절하라

『내 영혼을 위한 닭고기 수프』의 저자 잭 캔필드는 "편안한 마음을 갖기 위해 무엇을 해야 하나요?"라는 질문에 가장 먼저 뉴스를 끊으라고 했다. 뉴스를 끊으라니? 지성인이라면 모름지기 세상이 어떻게 돌아가는지 관심을 갖고 비판적 사고를 할 수 있어야 하는 것 아닌가?

물론 뉴스 자체가 나쁜 건 아니다. 다만 당신에게 묻고 싶다. 혹시 당신은 뉴스를 보면서 사기꾼, 범죄자, 부패한 공무원들에게 분노했던 감정을 뉴스가 끝나고 나서까지 이어가진 않는가? 물론 아니라고 답하고 싶겠지만 그건 마음의 파동성을 인지하지 못하기 때문이다.

마음은 총알처럼 한 개, 두 개 따로 셀 수 있는 알갱이가 아니다. 마음은 총성이다. 다시 말해 진동이다. 현재 지구상의 모든 비극도 110년 전 사라예보 총성의 결과물이라는 말이 있듯이 진동은 즉각적으로 사라지는 게 아니다. 그것은 미래에도 계속 영향을 미친다. 마음도 그렇다. 사람들은 20년 전, 30년 전의 어느 날 자신의 마음에 쏘아진 총성을 여전히 듣고 있고 그것이 현재의 마음에도 파장을 일으키고 있다. 이를테면 외상 후 스트레스 장애(PTSD)가 그렇다.

부정적인 뉴스를 몇 개 봤다고 해서 당장 분노조절장애가 생기는 건 아닐 것이다. 다만 조 디스펜자 박사의 말처럼, 반복되는 'personal reality(개인적 경험)'는 그 사람의 'personality(인격)'로 굳어지는 경향이 있다. 습관의 힘을 우습게 보아선 안 된다. 평소 그림 연습을 많이 하는 사람은 손에 펜만 쥐면 자꾸 무언가를 그리고, 영어 연습을 많이 하는 사람은 대화 중 자기도 모르게 영단어가 툭툭 튀어나온다. 마찬가지로 평소 분노 연습을 많이 한 사람은 습관적으로 버럭 하고, 습관적으로 의심하고, 습관적으로 미워한다.

사회탐구 강사 이지영의 말대로 세상에서 가장 무거운 건 남을 미워하는 마음이다. 그래서 내가 푹신한 소파 위에 앉아 있는데 옆에 미움이 와서 앉으면 내 몸은 그쪽으로 기운다. 다시 일으키려 해도 자꾸만 기울어진다. 그쪽이 더 무겁기 때문이다. 지금도 당신의 정의로운 분노와 미움은 당신의 마음을 뒤뚱거리게 하고 있다.

그럼 반대로 세상에서 가장 가벼운 마음은 어떤 마음일까? 그것은 친절한 마음이다. 인간의 행복을 연구하는 데 전 생애를 바친 웨인 다이어 박사는 이렇게 말했다.

"언제나 정의에 앞서 친절을 선택하라."

친절의 가치는 인류 역사상 단 한 번도 바뀐 적이 없다. 친절은 언제나 좋은 것이었다. 왜냐면 친절은 인간에게 편안한 마음을 선사하기 때문이다. 친절은 받아도, 베풀어도, 심지어 다른 사람들끼리 주고받는 걸 봐도 내 마음이 편해진다. 친절은 인간에게 산소나 물과 같은 존재다. 호불호가 없다. 또한 그것이 많을수록 생존에 유리하고 줄어

들수록 위태롭다.

사실 정의라는 개념도 처음엔 인류에게 친절을 베푸는 것을 목적으로 태어났다. 그런데 그 친절을 방해하는 자들이 여기저기서 나타나자 그들을 색출하여 처벌할 필요가 생겼고, 나중엔 그 처벌 자체가 목적이 되었다. 그것을 우린 정의라 부르기 시작했다. 문제는 그 처벌 대상이 당시 기득권층의 이해관계에 따라 달라질 수 있다는 것이다. 그래서 정의만 좇다 보면 우리 마음은 갈 길을 잃는다.

마음에는 뇌가 없어서 사고력 또한 부재하고, 따라서 정의의 기준 같은 것도 모른다. 마음은 오로지 편안함과 불편함만 안다. 그리고 그중 마음이 원하는 건 언제나 편안함이다. 지금 당신의 마음이 편치 않다면 삶에 친절이 부족하다는 뜻이다.

미국의 한 TV 프로그램에서 시민을 대상으로 한 '관찰카메라'를 진행했다. 주 고객이 흑인인 어느 미용실에 백인이라면 질색팔색을 하는 미용사가 일하고 있었다. 물론 그는 방송사에서 고용한 연기자였다. 그리고 또 다른 연기자인 흑인 남성과 백인 여성이 미용실에 입장했다. 설정 상

둘은 연인 관계다. 그들을 보고(연기 중인) 흑인 미용사가
말했다.

"당신 백인 여자를 만나는 거야? 오 마이 갓…. 사귀는
건 어쩔 수 없지만, 아이까지 가질 생각이라면 제발 다시
생각해 줘."

그때(그게 연출된 상황인지 까맣게 모르고 있던) 한 젊
은 흑인 여성 고객이 나섰다.

"같은 흑인이지만 어처구니가 없네요. 우리 흑인을 그토
록 괴롭혔던 과거의 악습을 지금 당신이 똑같이 되풀이해
서 대체 얻는 게 뭐죠?"

이거야말로 정의가 아니고 무엇이겠는가? 사이다 원더
우먼의 등장으로 우린 세 가지를 얻었다. 승자(여성 고객),
패자(연기자 미용사), 환호성(시청자).

같은 실험이 한 번 더 이루어졌다. 이번에 관찰 대상이
된 건 나이가 제법 든 흑인 여성이었다. 그녀는 앞서 젊은
여성보다 상황을 조금 더 오래 지켜보았다. 그리고 이번에
도 인종차별 발언을 서슴지 않는 흑인 미용사 연기자에게
그녀가 나지막한 목소리로 말했다.

"당신 마음을 이해해요. 당신의 분노까지도요. 나도 흑인이니까. 하지만 당신은 당신의 진짜 마음을 제대로 보지 못하고 있어요. 만일 길에서 저기 저 백인 여성분이 쓰러져 있는 걸 보면 당신은 그냥 지나칠까요? 아니요. 당신은 분명 그녀를 도울 거예요. 그게 진짜 당신 마음이에요. 그걸 깨닫고 지금 그녀에게 사과하면 당신은 오늘 밤 생애 최고로 편안한 마음으로 잠에 들 겁니다."

이 나이 지긋한 여성의 행동은 앞의 원더우먼과 비교하면 확실히 덜 정의롭다. 인종차별주의자인 미용사를 비난하거나 망신 주긴커녕 저 말을 한 후에 그를 꼬옥 안아주기까지 했으니 말이다. 우리가 앞에서 얻었던 세 가지, 즉 승자, 패자, 환호성 또한 이번엔 없었다. 거기엔 오직 편안한 마음만 있었다. 연기자들과 다른 미용실 고객들, 방송 스태프, 그리고 시청자까지 모두 그간 잊고 지내온 편안한 마음을 느끼면서 뺨에 아롱진 눈물을 닦아냈다.

편안한 마음을 갖기란 왜 그토록 어려울까? 마음은 그게 무엇인지 이해조차 못 하는 정의에만 초점을 맞추는 건 아닌가? 마음은 당신의 친절에서 편안함을 찾고 싶어 하는데 말이다. 그런데도 당신이 계속 정의만 외쳐대는 건 내 마음이 원하는 것보다 세상이 원하는 것에 훨씬 익숙하기 때문이다.

> "기억하세요. 포옹(HUGS)은 우리의 영혼을 성장시킵니다(Help-Us-Grow-Spiritually). 내가 성장하려면 우선 다른 사람을 친절하게 대하는 법을 배워야 해요."
>
> _ 위 두 번째 실험에서 나이든 여성이 한 말

제4장

두려움으로부터
백스텝하라

마음속 미래는 왜 늘 부정적인가

그날 난 집에서 혼자 〈라이언 일병 구하기〉를 보고 있었다. 이 영화의 초반 20분은 단언컨대 인간이 만들어낸 연출 영상 중 가장 잔인하고 역겹고 공포스러운 것이었다. 어느덧 나는 오마하 해변에서 노르망디 상륙작전을 펼치는 병사들과 함께 총에 맞고 화염에 휩싸이고 잘려나간 내 팔을 찾아 헤매고 뱃속에서 쏟아져 나온 오장육부를 내려다보며 애타게 엄마를 찾고 있었다.

속이 울렁거리려 할 때 즈음 갑자기 TV가 꺼졌다. 정전이었다. 거실 구석에 달린 비상등만이 어스름한 빛을 내고 있었다. 방금 전까지만 해도 내 마음은 솟구치는 피와 잘려나간 팔다리, 폭음과 총성, 울음소리로 가득했다. 그리고 그 안에서 소심이가 두려움에 벌벌 떨고 있었다.

하지만 지금은 요가 수행자처럼 고요해졌다. 방금 전까지 내가 살던 생지옥은 정전이 되자 검은 상자로 변해 있었다. 사실 TV는 계속 그대로였다. 반질반질한 LED 화면 속 지옥을 내가 진짜라고 착각했을 뿐이다.

지금 당신 마음 안에 들어 있는 온갖 두려운 상상들도 마찬가지다. 상상은 실재하는 것부터 해태나 유니콘까지 거의 모든 걸 만들어낼 수 있지만, 그중 내가 실제로 만질 수 있거나 나를 만질 수 있는 건 단 하나도 없다. 상상은 거울에 비친 상이거나 프로젝트 빔, 기껏해야 홀로그램이다. 그런데도 우린 그 허깨비를 두려워하는 데에 평생을 낭비한다.

나는 어릴 적부터 만화 그리는 걸 좋아했고 대학에서도 미술을 전공했으며 취미로 랩 가사를 썼다. 지금은 전업 작가라는 꿈을 향해 나아가고 있다. 내가 평생 열정을 갖고 해온 일에는 늘 '스토리'라는 키워드가 있었다. 그런데 나처럼 예술 분야를 전공했거나 혹은 스토리텔링을 업으로 삼는 사람들에게 흔히 따라붙는 꼬리표가 있다. 매사에 지나치게 예민하다는 것. 이것은 단순 편견일까?

글쎄, 나 또한 '그들'에 포함되는 입장이라 죄책감을 조금 덜 갖고 말하건대 스토리텔러들이 예민하다는 건 어느 정도 사실로 봐도 무방하다. 왜냐면 그럴 수밖에 없다. 스토리텔러가 즐겨 사용하는 것이 과장이기 때문이다. 스토리텔링이란, 30 정도로 나쁜 일을 70 정도로 나빠 보이게 만듦에 다름 아니다. 〈기생충〉의 송강호 집이 그저 조금 못 사는 집이거나 〈올드보이〉의 최민식이 15년이 아닌 15개월만 갇혀 있다면 그 스토리가 그 정도로 재밌었을까?

문제는 스토리텔러들이 픽션을 창조할 때만 과장법을 사용하는 게 아니라는 거다. 그들은 자신의 삶 또한 침소봉대하여 해석하는 오류를 저지른다. 현실 속 작은 사건도 언제든 나비효과를 불러일으켜 거대한 재앙이 될 수 있다고 상상한다. 자신의 원고 속 스토리처럼. 이것이 그들로 하여금 매사에 조금 더 예민하게 반응하도록 한다.

스토리텔링의 두 번째 특징은 생각의 열차(train of thought)다. 단 한 칸의 생각만 갖고는 스토리가 완성될 수 없다. 여러 칸으로 이루어진 생각이 꼬리에 꼬리를 물고 하나의 스토리를 이룬다.

그런데 인간의 관심을 더 끄는 건 언제나 부정적 스토리다. 미담과 비극적 사건 중 어떤 뉴스를 사람들이 더 많이 찾는지 보라. 긍정적인 이야기를 들을 땐 몸과 마음이 이완되어 자꾸 정신이 딴 대로 샌다. 하지만 부정적 이야기는 듣는 사람에게 팽팽한 긴장감을 일으켜 오직 그 사건 하나로 주의를 집중시킨다.

과장과 생각의 열차는 사실 「창세기」에 등장하는 원죄의 결과물이라고도 할 수 있다. 나는 성경이 철저하게 인간의 마음에 관한 기록이라고 믿는다. 거기에 나오는 지옥이나 타락한 장소는 괴로운 마음을 상징하고, 천국이나 에덴동산과 같은 이상 세계는 행복한 마음이다. 그럼 행복한 마음(에덴동산)속에 살던 아담과 이브가 신의 명령을 거역하고 선악과를 따 먹었다는 건 무슨 의미일까?

선악과의 선악은 '착하고 나쁘다'의 의미가 아니라 '좋고 나쁘다'이다. 즉 아담과 이브는 선악과를 먹은 시점부터 삶을 좋다, 나쁘다 판단하기 시작한 것이다. 이른바 주관의 탄생이다. 우리도 유아기를 지나 아담처럼 인간의 가장 자연스런 상태인 나신裸身을 부끄러워하는 나이가 되면서 (「창세기」, 3:10 참고) 삶을 판단하기 시작했다. 그리고 삶이 나쁘게 흘러갈까 봐 두려움을 갖게 되었다.

삶이라는 하나의 플롯에 자연스럽게 배치되는 여러 극적 요소들을 두고 어떤 건 더 많아졌으면 하고 어떤 건 제발 사라졌으면 하면서 내가 원하는 대로만 스토리가 전개되길 기대하는 것, 그리고 그것이 뜻대로 되지 않으면 지나치게 부정적인 미래를 구상하는 것. 그게 바로 우리 마음속 두려움의 근원이다.

삶은 위태로운 게 정상이다

이 같은 상상을 해보자.

당신의 사업이 망했다. 그것도 폭삭. 말 그대로 당장 길거리에 나앉게 생겼다. 그런데 어느 날 갑자기 당신은 충격적인 소식을 전해 듣는다. 생면부지의 종조부가 시한부 판정을 받았는데 유산을 남길 가족이 없어 당신 이름으로 청자 하나를 남겼다는 것이다. 알고 보니 그것은 수억 원의 가치가 있는 가보였다!

이때 당신이 그 고색창연한 청자를 어떻게 다룰지 한 번 상상해보라. 아마도 그 자기가 깨지는 것보다 내 머리가 깨지는 편이 더 낫다고 생각할 것이다. 우리는 나 자신을 그 청자 다루듯 하며 살고 있다. 손대면 톡 하고 터질 것만 같아서 매사에 조심스럽고 불안하기만 하다. 밟는 땅 어디든 싱크홀처럼 푹 꺼져버릴 수 있고 마주치는 사람 누구든 나를 해칠 수 있다. 이러니 이불 밖은 위험하단 말이 나올 수밖에.

스스로를 보호하며 사는 게 뭐가 잘못인지 의문이 들 수도 있다. 하지만 그것을 부모와 자식 관계에 대입해보면 잘못이라는 걸 금방 알게 된다. 아이가 볼 속에서 익사할까 봐 볼풀에서 놀지도 못하게 하는 부모가 과연 아이를 잘 키우고 있는 걸까?

당신은 나라는 아이에게 조금 더 냉정한 부모가 되어야 한다. 아이가 다치지 않게 마음을 쓰고 보살피는 것도 중요하지만, 그렇다고 세상과 완전히 단절된 무균실에 가두는 건 결코 좋은 방법이 아니다. 그 무균실이 안전하고 견고할수록, 그리고 그곳에 갇혀 있는 시간이 길어질수록 아이의 면역력은 약화되고 세상을 향한 두려움은 그에 따라 커질 수밖에 없다.

인간은 본디 약하다. 남자나 여자, 장애인 비장애인 할 것 없이 모두가 어느 노래 가사처럼 알몸으로 태어나서 옷 한 벌 건지면 수지맞는 삶에 내던져져 있다.

죽음의 수용소에 갇혀 가스실에 들어갈 날만 기다리던 빅터 프랭클 박사는 어느 날 해골에 얇은 거죽만 덮어놓은 자신과 동료 수감자들의 몰골을 보면서 문득 이런 생각이 들었다.

'나는 무엇일까? 난 단지 인간 살덩이를 모아놓은 거대한 무리의 한 부분에 지나지 않는구나.'

왜소한 노인서부터 헤라클레스 같은 근육을 자랑하던 청년들까지 고된 수용소 생활은 그들 모두를 똑같이 만들어 놓았다. 그것은 자코메티의 조각상처럼 앙상한 몸으로 비틀비틀 걷는 인간이었다. 자코메티는 자기 작품 속 사람이 왜 죄다 빼빼 말랐는지에 대해 다음과 같이 설명했다.

"서서 걷는 인간은 매 순간 넘어질 위기에 처해 있습니다."

영어에 'on the line'이라는 표현이 있다. 첫 번째 뜻은 '통화 중'이다. 휴대폰이 나오기 전까진 전화기에 선이 달렸던 걸 생각하면 고개가 끄덕여진다. 그런데 두 번째 뜻은 '위험에 처해있다'이다. 끄덕이던 고개가 갑자기 갸우뚱해진다. 위험과 선이 무슨 상관이란 말인가? 하지만 뜻을 알고 나면 이 표현이 훨씬 더 직관적이란 걸 알 수 있다.

On the line. 말 그대로 '선 위에 서 있다.'란 뜻이다. '선'을 '줄'로 바꾸면 이해하기가 더 쉽다. 영화 〈왕의 남자〉를 본 사람은 감우성과 이준기의 줄타기 곡예 장면을 기억할 것이다. 그들이 바로 줄 위에 선 자들이다. 줄타기 곡예사는 한시도 방심할 수 없다. 그 순간 바로 줄 아래로 떨어지기 때문이다. 그래서 그들을 지칭하여 '어름사니'라고도 한다. 얼음판(어름) 위에 서 있는 것처럼 위태로운 상황에 놓인 재주꾼(사니)이란 뜻이다.

사실 모든 인간이 어름사니다. 삶은 언제나 줄 위에 놓여 있다. 불교에선 사람이 들숨과 날숨으로 한 번의 호흡을 가져가는 시간을 일념이라 한다. 그리고 그 한 번의 호흡 안에 8만 4천 번뇌가 깃들어 있다고 한다.(인간으로 사는 건 쉽지 않다.)

그런데 사실 8만 4천 번뇌보다 더욱 냉혹한 현실이 존재한다. 인간에겐 일념 안에 목숨을 잃을 수도 있는 84만 가지 이상의 경우의 수가 있다. 낙뢰를 맞거나 돌진하는 차에 부딪히거나 그냥 갑자기 심장이 멈추거나 등등. 이렇게 보면 삶은 매 순간 죽음과 맞닥뜨리는 과정이라고도 할 수 있다. 하지만 다르게 생각하면, 지금 당신의 목숨이 붙어 있는 건 매 순간 84만 가지 이상의 방법으로 죽을 수도 있는 걸 피해 간 천운의 결과이기도 하다.

삶은 지금 이 순간에도 당신 발밑에 외줄을 하나 놓고 그 양쪽으로 두려움과 감사의 세계를 동시에 보여주고 있다. 어느 쪽을 보며 살지는 오직 당신의 선택에 달려 있다.

모든 희망을 버릴지어다

버럭이가 과거에 집착한다면 소심이는 미래에 집착한다. 소심이에게 삶은 언제 터질지 모르는 시한폭탄과 같다. 그러다 보니 그의 시선은 늘 미래를 향해 있다. 아직 일어나지도 않은 일에 대한 걱정을 한 아름 안고 산다.

쇼펜하우어가 말하길, 인간은 어릴 때 초인종이 울리면 신나서 뛰어나갔다가도 나이가 들면 '뭔가 안 좋은 일이 생긴 건 아니겠지?'라고 불안해한다고 한다. 이것은 참이다. 인간의 주름살은 불안이 새긴 음각이다.

소심이는 미래에 집착하는 동시에 성실한 작가이기도

하다. 그는 끊임없이 픽션을 창조한다. 그리고 그가 쓴 작품의 결말은 대부분 새드 엔딩이다. 왜냐면 극 중 주인공이 늘 미래를 예상보다는 희망으로 대하기 때문이다.

예상과 희망. 일견 접점이 없어 보이는 이 두 단어는 언뜻 생각하는 것처럼 서로소 관계가 아니다. 그것은 부분집합 관계에 있다. 예상이 희망의 부분집합이다. 왜 그럴까?

먼저 국어사전에서 '예상'의 뜻을 검색해보자. 설명 중 '미리 상상하다'라는 말을 볼 수 있을 것이다. '미리'는 그 자체로 미래를 상정하기에 '미래를 상상하다'라고 해석해도 무방하다. 그럼 예상이 희망의 부분집합이라고 했으니까 희망의 뜻을 찾아도 '미래를 상상하다'라는 말이 나오지 않을까? 안 나온다. 당연히 안 나온다. 왜? 우리가 에펠탑이라는 단어를 검색하면 '프랑스 파리에 있는'이라고 설명이 시작되지, '지구에 있는 프랑스 파리'라고 하지 않는 것과 같다. 굳이 지구를 말하지 않아도 우리는 프랑스 파리가 어느 별에 있는지 안다.

마찬가지로, 희망에도 '미래를 상상하다'라는 뜻이 자동 생략되어 있다. 어차피 미래를 상상함이 빠진 희망은 존재할 수 없기 때문이다. 예상이 수박이라면 희망은 땡모반이다.

그런데 이처럼 '미래를 상상한다'라는 공통분모를 지녔음에도 미래를 예상으로 대하는 사람과 희망으로 대하는 사람은 전혀 다른 삶을 살아간다. 전자는 두려움 없고 자기실현으로 충만한 삶을 산다. 후자는 평생 노이로제에 시달린다. 그 이유는, 그것이 예상이든 희망이든 한 개인의 미래에 대한 상상은 언제나 현실과 어긋날 준비가 되어 있기 때문이다.

상상이 예상의 형태를 취했을 때는 그것이 어긋나도 단순 '예상 빗나감'에 그친다. 말하자면 일기예보에서 비가 온다고 했는데 실제론 맑았던 것이다. 잠깐 기상청을 비난할 순 있어도 그 때문에 괴로워할 필요까진 없잖은가.

반면 희망이 어긋나면 실망을 느낀다. 실망은 고통스러운 감정이며 그것이 반복되면 우린 삶을 두려워하게 된다. 인간이 늘 두려운 이유는 미래를 예상이 아닌 희망으로 대하기 때문이다. 실망을 예상 빗나감 정도의 수준으로 낮춰야만 쓸데없는 두려움에 시달리지 않고 살 수 있다.

희망을 이야기할 때 단테를 인용하는 사람들이 많은데 아마도 『신곡』의 지옥문에 쓰여 있는 다음과 같은 문구 때문일 것이다.

이 안에 들어오는 자 모든 희망을 버릴지어다.

의문이다. 이 문구가 지옥문 너머 세상에 대한 안내라면 그 말은 왜 지침처럼 쓰여 있는 걸까? '이곳에는 일체 희망이 없다.'라고 해도 되는데 말이다. 그것은 지옥이 어떤 곳인지를 알려주는 게 아니기 때문이다. 지옥에서도 살아남을 수 있는 방법을 안내하고 있는 것이다.

희망: 어떤 일을 이루거나 하기를 바람.

나는 여기서 이 '바람'이라는 단어야말로 지옥을 직조한 섬유라고 믿는다. 삶이 지옥이 된 건 내가 원하는 모습대로 미래가 다가왔으면 하는 바람 때문이다. 하지만 신은 인간에게 삶을 뷔페로 차려주지 않았다. 내가 좋아하는 것만 골라 먹을 수 없다. 신은 삶을 샌드위치로 차려주었다. 속에든 참치를 먹으려면 오이도 함께 먹어야 한다. '이번 엔 제발 오이가 씹히지 않기를' 하고 바라는 순간 곧바로 지옥행 열차에 탑승하게 된다.

전에 10년 가까운 무명 생활을 이어온 한 가수가 새 앨범을 내면서 가진 인터뷰에서 이렇게 말했다.

"이번엔 그냥 '망하자'란 마음으로 냈어요. 그랬더니 더 이상 실패도 두렵지 않더라고요."

그녀는 아직 가수로서는 성공하지 못했어도 삶의 통찰을 얻는 데에는 성공했음이 분명하다. 만일 이번에도 그녀의 마음이 희망 쪽으로 기울었다면 계속해서 지옥 같은 무명가수의 삶을 살았을 것이다. 하지만 그녀는 이미 그 지옥을 충분히 맛보았다. 그리고 희망은 암울한 현실의 해독제가 될 수 없다는 것도 배웠다. 오히려 장애가 된다는 것도 알았다. 현실을 개선하기 위해선 새로운 도전이 불가피한데, 실망을 두려워하면 아무런 도전도 할 수 없기 때문이다.

대성한 가수 중엔 잇따른 실망 끝에 모든 희망을 내려놓았더니 외려 인생 대역전을 맞이한 이들도 많다. 제시, 헤이즈, EXID, 브브걸, 르세라핌의 허윤진 등이 그렇다.

혹자는 이렇게 말할 것이다.

"희망 없는 삶이 다 무슨 소용이람? 희망이 있기에 인간은 고통을 견디고 어제보다 나은 내일을 기대하는 게 아닌가?"

이러한 희망 예찬론은 겉으론 그럴싸해 보여도 실망이 그간 우리한테 한 짓을 생각하면 그렇게 쉽게 말할 수 없을 것이다. 내 경우엔 희망이 삶에서 잠깐씩 가져다 준 기쁨보다 실망이 일으킨 고통의 크기가 수만 배쯤 컸다. 다시는 그 고통을 느끼지 않기 위해서라도 나는 기꺼이 희망을 포기하겠다.

실망이 주는 고통에 당신도 더 이상 속수무책으로 당할 필요가 없다. 그것은 예방 가능하다. 물론 100% 예방은 불가능하다. 실망을 100% 예방하는 길은 희망을 0% 가지는 것뿐인데, 내가 당신에게 바라는 삶은 그런 게 아니다. 모든 희망을 버리자는 게 아니다. 그저 미래를 예상할 때 100만큼 가졌던 희망을 40이나 50 수준으로 낮추어서 실망의 고통 또한 40이나 50으로 낮추자는 것이다. 그 정도면 우리가 삶을 안정적으로 살아가는 데에 적합한 두려움의 크기라고 할 수 있다.

희망을 내려놓아라. 당장. 무책임한 낙관론을 남발하는 자들의 사탕발림에 넘어가지 말고 무슨 일이든 벌어질 수 있는 현실을 받아들여라. 그것이 좋은 일이든 나쁜 일이든 말이다. 이처럼 결과에 무심한 태도를 견지할 때 비로소 두려움으로 가득한 지옥에서도 우린 그럭저럭 잘 지낼 수 있다.

허무한 현실주의자 VS 현실적 허무주의자

나는 허무주의자다. 그래서 누구보다 현실적 삶을 산다. 당신은 현실주의자다. 고로 당신의 삶은 허무로 가득하다.

일견 모순돼 보이는 이 말을 차분히 따져보면 거기에 오류가 없음을 알게 될 것이다.

허무주의자로서의 내 삶이 현실적인 이유는 다음과 같다.

첫째, 삶은 언제나 허무를 향해 가고 있다. 물론 그 허무의 끝에는 죽음이 있다. 이 세상에 죽음이란 운명을 피할 수 있는 사람은 아무도 없다. Destiny와 Death란 단어도 어딘가 닮아 있다. 죽음이란 '모든 것을 끝장내놓음'을 의미한다. 당신이 50년 걸려 이룩한 것도 죽음의 쓰나미가 5초도 안 돼 쓸어가 버릴 수 있는 게 현실이다.

둘째, 삶은 언제든 당신이 소유한 물질(현실주의적)을 비물질화(허무주의적) 할 수 있다. 여기서 물질이라 함은 오감으로 감지할 수 있는 걸 뜻하는데, 휴대폰, 집, 가족, 당신의 신체도 이에 해당한다. 그런데 삶은 언제든 그 물질을 (파괴나 죽음으로)소멸시킴으로써 과거라는 비물질로 변화시킬 수 있다.

이처럼 삶의 모든 건 '언제나' 끝을 향해 가고 있고 '언제든' 변할 수 있기에 허무주의야말로 가장 현실주의적인 태도라 할 수 있다. 하지만 대부분의 사람이 어떻게 사는지를 한 번 보라. 그들은 자기가 현실주의자라고 주장하면서 온갖 허무한 짓만 골라서 한다. 편안한 마음은 행복을 위한 어음일 뿐이며 돈과 명예만이 그것을 살 수 있는 현찰이라고 입을 모아 떠들어댄다. 하지만 앞에서 보았듯이 모든 건 결국 끝장날 운명에 처해 있기에 그들의 이 같은 주장은 허무하기만 하다.

사람들이 두려움에 빠져 사는 이유는 세상을 허무주의가 아닌 현실주의의 눈으로 보기 때문이다. 현실이 허무한데 자꾸 그걸 부정하고 생생한 현실만 좇다 보니 삶이 실패로 가득할 수밖에 없는 것이다.

　삶은 원래 밝지도 어둡지도 않다. 낙관적이지도 비관적이지도 않다. 원래부터 조리가 서 있지도 부조리하지도 않다. 그런데 자꾸 밝고 낙관적이며 사리에 맞는 삶을 찾다 보니 그에 부합하지 않는 현실이 펼쳐지는 동안(사실 이것이 인생 대부분을 차지한다.) 허무감에 빠질 수밖에 없는 것이다.

　영화 〈매트릭스〉의 주인공 네오는 마인드 트레이닝 중인 한 동자승을 유심히 관찰한다. 동자승은 그저 바라보는 것만으로도 숟가락을 휘게 한다. 네오도 한 번 따라 해 볼 심산으로 숟가락을 집어 들고 노려보지만 실패한다. 동자승이 네오에게 말한다.

　"숟가락을 보지 마세요. 그걸 휘는 건 어차피 불가능하니까. 대신 진실을 보세요."

　"진실? 무슨 진실 말이죠?"

"숟가락이 없다는 진실요."

왜 숟가락이 없을까? 이에 대한 나의 해석은 이렇다.

동자승 말은 숟가락이 없다는 게 아니라 '숟가락이라고 따로 부를 만한 게' 없다는 것이다. 말하자면 백록담 안에 물이 없다는 게 아니고, 이 물방울과 저 물방울이 따로 있는 게 아니라는 거다.

저명한 뇌 과학자 질 볼트 테일러는 37살에 뇌졸중으로 쓰러졌는데, 그때 그녀는 일시적으로 좌뇌의 기능을 잃었다. 좌뇌는 언어나 계산, 기억 등 논리적 영역을 담당하는 부위로 알려져 있다. 좌뇌의 기능이 멈추자 그녀는 세상을 우뇌로밖에 볼 수 없었다. 그리고 그 세상은 마치 색맹 검사표처럼 보였다. 온 세상은 똑같은 픽셀로 이루어진 모자이크였다. 벽을 짚으면 자신의 손과 벽이 하나가 되었다. 둘 사이에는 아무런 경계도 없었다.

벽이 사라지고 손이 사라지자 '나' 또한 사라졌다. 대신 온 우주가 내가 되었다. 그녀는 감격의 눈물을 철철 흘리면서 이렇게 말했다.

"나는 신체라는 작은 램프에서 탈출한 지니가 된 기분이었어요."

사람들은 '나'를 지나치게 걱정한다. 매일 아침 화장실 거울에 비친 높이 2미터, 무게 100킬로그램 조금 안 되는 뼈와 살의 조합을 바라보며 언제든 그것을 비물질화 할 준비가 된 세상을 두려워한다. 이 같은 삶은 베트 미들러의 노래 가사처럼 꿈에서 깨는 게 두려워 잠만 자고, 죽는 게 두려워서 사는 법을 배우지 못하는 것과 같다.

나를 걱정하면서 전전긍긍하는 데 넌더리가 났다면 이제부터라도 나에 대한 관념을 바꾸어야 한다. 내 몸으로 한정 지었던 나를 확장시켜 그간 별개의 존재라고 여겼던 타인과 환경까지도 모두 나의 범주 안에 넣으라. 나를 영화 속 주인공이 아닌 영화 전체로 생각하라. 아무리 주인공이 빛나도 영화가 허접하면 말짱 도루묵이다. 허접한 영화 속 주인공이 되지 말고 탄탄한 플롯을 지닌 한 편의 명작이 되어라.

석가모니의 전생 설화를 보면, 그는 부당한 이유로 한 폭군한테 사지가 절단되는 수모를 겪었다. 그런데도 그는 고통을 느끼지 않았다. 그는 '나'를 하나의 신체가 아닌 온 세상으로서 인식했기 때문이다. 신체가 훼손된 건 비록 개인에겐 불행이었어도 전체 세상은 제대로 돌아가고 있다는 증거였다. 귀를 칼로 베면 귀가 떨어져 나가고 팔다리를 칼로 베면 그들이 떨어져 나가는 게 '당연했기' 때문이다. 세상은 그에게 당연한 이치를 보여주었을 뿐이다.

이것은 말 그대로 신의 경지이다. 당신이나 나나 평생 오를 수 없는 경지임에 분명하다. 그렇다 해도 사지가 절단되는 상황에서도 편안한 마음을 가질 수 있는 경지가 존재한다면, 그에 조금이라도 가까워지기 위해 노력해볼 만한 가치는 충분하지 않을까?

내게 걱정이 있는 까닭은
내가 몸을 가지고 있기 때문이다
내 몸이 없어진다면
내게 무슨 걱정이 있겠는가

_ 『노자』 13장 중

하등 쓸모없는 두려움, 걱정

신사고新思考운동의 일종인 끌어당김의 법칙(Law of Attraction)은 말한다.

"인간은 자신이 두려워하는 걸 현실로서 끌어당긴다."

그들의 원래 주장은 '한 사람의 마음이 무언가로 가득 차 있을 때 그것은 곧 현실로 나타난다.'인데, 대부분의 사람들 마음이 두려움으로 가득 차 있기 때문에 저렇게 말할 수도 있다는 것이다.

사람들은 무얼 그렇게 두려워하는 걸까? 바로 미래다. 그리고 그 미래에 대한 두려움을 다른 말로 걱정이라 한다. 이 걱정의 현현顯現은 내 삶에서도 몇 번 일어난 적이 있다.

첫 번째 사건은 맹장염에 걸린 일이다.

참고로 나는 어렸을 때부터 유독 맹장염을 두려워했다. 알다시피 세상엔 그보다 훨씬 더 끔찍한 병들이 많지만, 내겐 언제나 맹장염이 두려움 대상 1호였다. 내가 본 드라마나 만화 속에서 맹장염 환자는 하나같이 데굴데굴 구르며 엄청나게 고통스러워했기 때문이다. 결국, 나는 스무 살에 실제로 급성 맹장염에 걸리고 말았다.

내가 걱정을 현실로 끌어당긴(것처럼 보이는) 두 번째 사건.

나는 꽤나 늦은 나이에 첫 연애를 했는데, 첫사랑의 설렘이 채 무르익기도 전에 여자친구는 최근 다시 연락해 온 전 남자친구를 찾아 떠나겠다고 했다. 3개월 만난 나보단 3년의 추억을 공유한 사람한테로 가겠다는 거였다. 사랑의 아픔은 사랑으로 치유해야 한다는 주변 사람들의 조언대로 두 번째 연애를 시작했지만 이번에도 거짓말처럼 한 달도 채 안 되어 상대는 전 남자친구를 찾아 떠났다.

그 후로 새로운 썸을 탈 때마다 나는 가장 먼저 상대의 전 연인에 대해 캐물었다. 그와는 오래 만났는지, 헤어진 지는 얼마나 됐는지, 지금 만약 다시 만나자는 연락이 오면 돌아갈 건지 등등. 그들은 '돌아가지 않겠다'고 했지만 전부 거짓말이었다. 내가 초조해할수록 그들은 줄기차게 떠났다. 내가 헤어진 연인들의 통일부 장관이라도 된 것 같았다.

두려움을 실제 삶으로 끌어당긴 세 번째 사연.

나는 어릴 적 원체 겁이 많고 소심해서 사소한 주먹다짐 한 번 해본 적이 없었다. 이런 나에게 1992년 4월 29일 전 세계 뉴스를 통해 방송된 '레지날드 데니 습격 사건'은 커다란 정신적 트라우마를 안겼다.

건설노동자 레지날드는 그날도 덤프트럭을 운전하며 일 중이었다. 불행히도 그의 트럭에는 라디오가 없었는데, 그래서 그는 잠시 후 자신이 지나갈 길이 LA 폭동 현장이 될 거라곤 꿈에도 생각 못했다. 결국, 그는 플로렌스로와 노르망디로의 교차점에서 4명의 갱단 무리에 의해 강제로 차 밖으로 끌어내려 졌다.

그들은 우선 장도리로 레지날드의 머리를 수없이 내리쳤다. 이미 정신을 잃고 쓰러진 그의 측두에 벽돌을 근거리 투사한 뒤 춤을 추며 유유히 현장을 빠져나갔다. 이 과정에서 레지날드의 왼쪽 안구는 심하게 튀어나왔고 두개골은 90조각이 났으며 그 뼛조각의 일부가 두뇌 속까지 파고드는 지경에 이르렀다.

　지금 같으면 한국 언론에선 전부 편집해서 내보냈겠지만, 당시만 해도 이 잔혹한 현장이 날것 그대로 전파를 탔다. 그리고 그 사건은 마치 『데미안』의 싱클레어가 경험한 프란츠 크로머의 폭력처럼 전에 내가 알던 (비폭력적인)세상과는 전혀 다른 세계가 존재한다는 걸 내게 알려주었다. 레슨비용은 만만치 않았다. 그 끔찍한 영상은 몇 달간이나 내 머릿속에서 반복 재생되었다.

　20대 때 나는 잠시 LA에서 살게 되었다. 저렴한 방을 찾다가 어느 멕시칸 미혼모가 아들 둘을 데리고 사는 집으로 들어갔다. 그곳은 이른바 후드hood(도회지 속 낙후된 마을. 일반적으로 교육 수준이 낮고 범죄율이 높다.)로서, 앞집에선 하루가 멀다 하고 히스패닉 갱들이 마약 파티를 벌이다가 현장을 덮친 경찰들에 의해 속옷 차림으로 끌려 나왔다. 옆집 아저씨는 내가 그곳에 이사 온 지 한 달 만에 괴한에게 총을 맞고 사망했다. 같은 동네에 사는 자폐증이 있는 한 아시안 소년은 로컬 갱들의 드라이브 바이drive-by(주행 중인 차량 안에서 밖을 향해 총을 쏘는 것)로 목숨을 잃었다.

나는 완전히 겁에 질렸다. 매일같이 총에 맞는 꿈을 꾸었고 한국에선 9시간 수면도 부족했던 내가 2시간 이상 잠을 잘 수 없었다. LA 내 한국 절과 마음수련센터를 찾아다니면서 안정을 취해보려 노력했지만 전부 허사였다.

그러던 어느 날 귀갓길에 우연히 내가 사는 곳의 길 이름이 적힌 표지판을 보게 되었다. 횡으로 뻗은 길은 플로렌스, 종으로 난 길은 노르망디였다. 왠지 낯익은 이름이었다.

'내가 저 이름을 어디서 봤더라…….'

집에 돌아와 구글 검색을 하고 나서야 지금 내가 사는 곳이 바로 1992년 레지날드가 무참히 폭행당했던 바로 그곳이라는 걸 깨달았다. 운명의 여신은 나를 9,600킬로미터(서울—LA 거리)나 이동시켜 어릴 적 트라우마를 선사했던 바로 그 지점에 데려다 놓았다. 단 한 블록의 오차도 없이.

나는 지금 이 세 가지 에피소드를 통해서 무슨 유사과학이나 무속 신앙을 퍼뜨리려는 게 아니다. '말이 씨가 된다.' 같은 흔해 빠진 말을 하려는 것도 아니다. 다만 내 경험상 '내게 이런 일이 벌어지면 어떡하지?' 하며 걱정하는 게 그 일을 피하는 데 하등 도움이 되지 않았다는 걸 알리고자 하는 것이다. 외려 걱정의 크기가 클수록 실제로 그 일이 벌어질 확률은 높아졌다.

불길한 미래를 상상하고 걱정한다고 해서 그게 꼭 현실이 되는 건 아닐 것이다. 만일 그랬다면 이 세상 거의 모든 여객기가 추락했을 테니까. 하지만 그렇다고 걱정이 그 일의 발생을 막아주는 것도 분명 아니다. 그렇다면 미래를 두려워하고 염려하는 건 사실상 시간을 가장 무가치하게 쓰는 방법이라고도 할 수 있겠다.

1994년, 북한이 서울을 불바다로 만들겠다고 으름장을 놓았다. 마침 그 뉴스가 보도되기 바로 며칠 전 나는 친구와 〈터미네이터 2〉를 보았다. 그 영화에는 핵전쟁으로 불바다가 된 놀이터에서 아이들과 엄마들이 함께 타죽는 장면이 나온다.(화염에 휩싸여 피부가 전부 떨어져 나가 해골만 남는 장면이 생생하게 묘사되어 있다.) 친구는 북한이 서울을 불바다로 만든다고 했으니 몇 밤만 지나면 저게 우리의 모습이 될 거라고 했다.

그러던 어느 날, 놀이터에서 친구들과 놀고 있는데 저 멀리 양손에 장바구니를 들고 오는 어머니의 모습이 보였다. 나는 냅다 뛰어갔다. 달려오는 나를 보고 어머니는 그 자리에 짐을 내려놓고 한쪽 무릎을 땅에 댄 채 양팔을 활짝 벌렸다. 나는 그대로 어머니 품속으로 와락 안겼다. 그 순간 내 마음속 모든 두려움이 사라졌다. 북한이 핵무기를 개발 중이라는 뉴스도, 서울을 불바다로 만들 거라는 위협도 더 이상 나를 겁주지 못했다. 설령 〈터미네이터〉 속 장면처럼 모두가 불에 타 죽는 상황이 와도 상관없었다. 중요한 건 내가 어머니 품속에 있다는 사실이었다.

걱정은 아무것도 해결해주지 않고 아무런 좋은 것도 만들어내지 못한다. 그것은 미래를 설계하는 잠깐의 동기부

여가 될 순 있어도, 그 후로도 존속한다면 더 이상 아무런 긍정적 효과도 산출해낼 수 없다.

그렇다고 애써 걱정하지 않으려 노력할 필요도 없다. 그러면 걱정을 내려놓지 못하는 자신을 걱정하게 될 테니 말이다. 그저 걱정의 무용함만 기억하라. 나머진 뇌가 알아서 할 것이다. 뇌는 대단히 바쁜 존재이기에 한낱 무용한 것에 신경 쓸 겨를이 없다.

시간의 굴레에서 탈출하라

인간은 매 순간을 기억에 의존해서 살고 있다. 누군가 내 이름을 물으면 나는 '이지오'라고 답할 것이다. 1분 전까지 내 이름이 이지오였기 때문이다. 지금 당신이 옆에 누워서 자고 있는 사람을 보고도 놀라지 않는 이유는 1분 전까지 그 사람이 당신의 남편 혹은 아내였기 때문이다.

그런데 이런 상상을 해보자. 우주에 아주 기괴한 악마가 있어서 그가 1분에 한 번씩 요술을 부려 인간의 기억을 맘대로 조작한다면? 그러니까, 지금 당신이 엄마라고 믿는 사람이 사실은 악마가 1분 전에 당신의 엄마라고 세뇌시킨 사람이라면? 어머니와 함께한 평생의 기억이 그의 1분간의 창조의 결과물이라면?

허무맹랑하게 들릴지 몰라도 사실 이럴 가능성이 아예 없다고는 아무도 확신할 수 없다. 왜냐면 인간의 기억력이란 100% 믿을 만한 게 못 되기 때문이다. 나는 이미 세상을 떠났다고 굳게 믿고 있던 원로연예인들이 건강한 모습으로 생방송에 나오는 걸 보고 몇 번이나 아연했는지 모른다.

시간이 '과거-현재-미래'로 흐른다는 것은 절대적 참이 아니라 인간이 만들어낸 이론일 뿐이다. 인간은 원래 시간이 없는 세계로부터 왔으나 양수羊水라는 레테 강에 빠지면서 그 사실을 잊었다. 과거-현재-미래라는 흐름이 존재하지 않는 것보다 존재하는 것이, 이 세상을 해석하는데 훨씬 편하므로 뇌가 그대로 믿기로 한 것이다.

물론 시간은 여러모로 인간에게 편의를 제공했다. 시간이 없었다면 제시간에 출근하는 게 불가능했을 것이다. 이강인 경기 생중계를 챙겨보지도, 소개팅에 맞춰 미리 코털을 다듬지도 못했을 것이다.

무엇보다 시간관념은 우리가 미래를 예상하고 언제든 발생할 수 있는 위기에 대비할 수 있도록 해주었다. 문제는 자꾸 이렇게 위험한 미래를 상상하다 보면 삶의 매 순간이 '잭 인 더 박스'처럼 뭐가 튀어나올지 모르는 불안한 존재가 된다는 것이다.

실로 딜레마가 아닐 수 없다. 미래의 위기를 예상하다 보면 삶이 불안감으로 가득 찬다. 그렇다고 현재만 바라보고 살다간 불현듯 위기가 닥쳤을 때 속수무책으로 당할 수밖에 없다. 그땐 미래를 미리 걱정하지 않았던 나 자신을 책망할 것이다. 그럼 우리는 어떻게 해야 할까? 시간을 의식하며 사는 편이 나을까, 의식하지 않는 편이 나을까?

나는 묻고 싶다. 어차피 시간이란 게 단지 이론에 불과하다면, 시간의 존재와 비존재의 장점을 동시에 누릴 순 없는 걸까? 시간이 존재하는 게 편한 상황에선 존재한다고 가정하고, 없는 게 편할 땐 없다고 가정하면서 말이다. 인간은 다른 동물들과 달리 융통성이라는 호사를 누리는데 왜 꼭 '시간이 있다.', '없다.' 중 하나를 택해서 평생 한쪽만 고수해야 하는 걸까? 넷플릭스와 디즈니플러스를 둘

다 갖고 있으면 골라 보는 재미가 쏠쏠한데 말이다.

행복을 위해 더 나은 대안이 있는데도 우린 단지 논리적인 사람이 되기 위해 일관성만 고집한다. 랠프 월도 에머슨의 말처럼 일관성만큼 자기신뢰에서 멀어지게끔 위협하는 것도 없는데, 우린 왜 그걸 세상을 대하는 가장 올바른 태도인 양 확신하며 사는 걸까? 내가 가장 행복해질 수 있는 길을 택하는 게 가장 올바른 태도가 되어선 안 된다는 법이라도 있던가?

영화 〈컨택트(Arrival)〉에 등장하는 외계인은 먹물과 비슷한 물질을 공중에 뿜어내면서 의사표현을 한다. 인간은 그들의 언어를 해독하는데 어려움을 겪는데, 그 이유는 그들의 언어가 시간을 초월해 있기 때문이다. 그들이 만들어내는 독특한 문양은 왼쪽에서 오른쪽, 혹은 위에서 아래로 읽어나가는 게 아니라, 좌우상하가 동시에 공존하는 원형(circle)이다. 그들은 그 원 안에 자신의 생각 '전체'를 담아낸다.

그러나 인간이 사용하는 언어는 원이 아니라 선형(linear)이다. 우리가 "내 생각"이라고 말하려면 일단 '내'라는 글자를 먼저 말하고, 뒤의 '생각'이란 두 글자는 자기 차례를 기다려야 한다. 게다가 앞에 '내 생'이라는 두 글자를 기억해 내지 못하면 마지막 '각'이란 글자는 아무 의미도 가질 수 없다.

그러나 영화 속 주인공 루이즈는 외계인의 언어를 해독해낸다. 루이즈는 분명 인간이다. 그런데도 외계인의 언어를 해독한 건 인간에게도 원래부터 선형적 시간에 제한받지 않는 능력이 있기 때문이다.

우리도 영화 속 외계인이나 루이즈처럼 시간의 굴레에서 탈출할 수 있다. 알람을 맞추지 말자는 게 아니다. 선형적 시간만이 절대적 우주 법칙이라고 고집할 필요가 없다는 것이다. 선형적 시간에서 벗어나기만 하면 미래는 더이상 어둠 속에서 불쑥 튀어오를 수 있는 흉악범이 될 필요가 없다. 미래는 우리의 뇌가 과거라는 공과 함께 저글링을 하며 갖고 노는 다른 쪽 공일뿐이다.

명심하라. 시간은 우리의 지배자가 아니다. 인간이 편의상 만든 불가시적 상품일 뿐이다. 그런데 창조주인 우리가 언제부턴가 피조물인 시간에 쫓기고 그것을 두려워하기 시작했다. 이것은 망신이다. 당신은 인간을 두려워하는 신을 상상할 수 있는가?

그런데도 우린 미래를 두려워하면서 오늘 또 귀중한 하루를 날려버렸다. 망했다. 오늘 하루도.

제5장

싫은 것들로부터
백스텝하라

붕어빵은 빈 주형에서 태어난다

이제는 우리 마음속 까칠이를 만나러 가야 할 시간이다.

왜 그런지는 모르겠다. 까칠이는 특별한 이유도 없이 모두를 미워한다. 마치 신경세포의 수상돌기가 전기 신호를 받아들이듯 사방팔방에서 경멸할 거리를 긁어모은다. 그러면서 그는 생각한다.

'나는 안 그런데 저들은 대체 왜 저러는가?'

양창순 작가에 따르면, 정신과 전문의이기도 한 그녀가 만난 이들 중 상당수가 이런 말을 했다고 한다.

"도무지 내 마음 같은 사람이 없어요."

여기서 '내 마음 같은 사람'을 양 작가는 다음과 같이 정의했다. '언제 어디서나 내가 원하는 걸 척척 알아듣고 해결해주는 사람.'

일심동체, 한마음 한뜻, 척이면 척, 딱 보면 압니다……. 우리나라 사람들은 유독 동일성에 집착한다. 하지만 양창순 작가는 말한다.

"내가 만나는 사람은 나와 다른 사람이라는 걸 받아들이는 데서 인간관계를 시작해야 합니다."

『묵자』에는 다음과 같은 말이 나온다.

'임금의 도道란, 나와 뜻이 다른 자도 함께 취하는 것이다.'

임금은 모름지기 편안한 마음을 유지해야 한다. 연산군은 불안정한 마음 때문에 왕위에서 쫓겨났다. 장차 왕이 돼야 할 사도는 사람을 죽이는 등 만행을 일삼자 그 연유를 묻는 영조의 물음에 '마음이 불안하기 때문'이라고 답했다. 결국 그는 아내와 자식이 보는 앞에서 뒤주에 갇혀 죽어야 했다.

하지만 왕이 편안한 마음을 갖기란 도통 쉽지 않다. 주

위에 늘 자신을 견제하는 세력과 간언하는 신하들이 있기 때문이다. 그럼에도 편안한 마음을 유지해서 그들과 협심하여 국정을 잘 돌보는 것이 『묵자』가 말하는 임금의 도다. 그렇다면 우리도 그 도를 한 번 배워봄 직하다. 어차피 우리의 목표도 내 마음 갖지 않은 타인들과 함께 살면서 편안한 마음을 유지하는 것이니까 말이다.

우리는 좀처럼 거울 앞을 떠날 줄 모른다. 그러면서 둘 중 하나에 몰두한다. 나의 단점에 분개하거나 나의 장점에 우쭐하거나. 하지만 우린 나만큼이나 나 이외의 것들에도 신경 써야 한다. 아니 어쩌면 훨씬 더 많은 관심을 가져야 할지도 모른다. 왜냐면 그들이 존재해야 나도 존재할 수 있기 때문이다.

붕어빵 기계를 떠올려보자. 붕어빵이 만들어지려면 우선 주형이 필요하다. 주형이란, 붕어 모양으로 비어 있는 틀을 말한다. 붕어빵 입장에선 '나를 뺀 공간'이다. 붕어빵 기계라는 세상에서 붕어빵을 뺀 공간이 없으면 붕어빵은 만들어질 수조차 없다.

주변에 그림을 잘 그리는 사람이 있다면 한 번 이런 주문을 해보아라.

"한줄기 햇빛도 들어오지 않는 방이 정전된 모습을 그려 줘."

그는 아마도 당신을 그악스럽게 쏘아볼 것이다.

사실 그 방에도 있을 건 다 있다. 침대, 책상, 옷장, 거울, 핸드폰, 컴퓨터 등등. 정전이 됐다고 물건들이 사라지는 건 아니니까. 하지만 그럼에도 그림은 인식의 대상을 보여주어야 한다. 영화 속 주인공이 플롯 상 아무도 모르는 곳에 칩거해도 그 모습이 어떻게든 카메라에 비쳐야 하는 것처럼.

정전된 방을 그린 그림에는 인식의 대상이 없다. 이것과 저것을 구분할 수 있는 빛과 그림자가 없기 때문이다. "키아로스쿠로Chiaroscuro.", 이탈리아어 '밝다(Chiaro)'와 '어둡다(Oscuro)'의 합성어인 이것이 모든 인식의 원리다. 시각뿐만이 아니다. 소리와 무음의 키아로스쿠로로 청각의 대상이 인식되고, 감각과 무감각의 키아로스쿠로로 촉각의 대상이 인식된다. 사실상 우주 만물이 그것과 그것이 아닌 것의 대비로써 인식된다고 보면 된다.

중요한 건, 여기서 '인식'을 '존재'란 말과 바꿔도 무방하다는 것이다. 망막이든 적외선 카메라든 초음파든, 어떤 매개로든 인식의 역치를 넘어서야만 우린 비로소 그것이 존재한다고 말할 수 있다.

결국 우리의 삶은 인식에 기반한 삶이다. 그리고 그 인식의 기본 원리는 앞서 말했듯 이것과 저것의 키아로스쿠로, 즉 대비다. 대비는 다른 말로 '조화'라고도 할 수 있다. 조화를 이루기 위해선 서로 다른 것들이 함께 존재해야 하니까.

요는 이거다. 내가 나로서 존재하기 위해선 나와 대비되는 남과의 조화가 절대적으로 필요하다. 이 세상에 오직 나밖에 존재하지 않는다면 나라는 말조차 무의미해진다. 그때 나는 '모든 것'이 되며, 모든 것한테는 그것이 존재한다고 인식해줄 남이 없으니까 말이다.

공감이 왜 중요한가

평화로운 나라에 살고 있어도 주변 국가들이 서로 으르렁대면 그 나라 국민은 행복하다고 할 수 없다. 언제든 그 나라에도 불똥이 튈 수 있기 때문이다.

그 옛날 우나라는 곽나라를 치려는 강대국 진나라를 방관했다가 결국 자기들까지 진나라에게 정복당하고 말았다. 우나라 왕은 일단 나부터 살고 보자는 심산으로 곽나라 위기를 모른 척했지만 그 대가는 치명적이었다.

호수에 사는 물고기가 자기가 먹을 플랑크톤만 확보했다고 해서 수질 오염에 무심할 수 있을까? 호수가 오염되면 이 세상 플랑크톤이 전부 내 것인들 그게 다 무슨 소용이란 말인가. 마찬가지로 내 마음 하나만 편하다 해서 결코 행복을 얻을 수 없다. 나와 타인의 마음을 두루 살펴야 한다.

날로 공감의 중요성이 강조되고 있다. 사실 많은 사람이 타인에게 공감하고 싶어 한다. 다만 '안' 하는 게 아니라 '못'하는 것이다. 아무도 내게 공감해주지 않는데 나만 그러자니 너무 억울하기 때문이다. 누군가가 지금 타인에게 공감할 수 없는 건 그 사람 안에 공감능력이라는 싹이 없어서가 아니다. 비옥한 토양과 햇빛, 물이 없기 때문이다. 공감할 수 있는 환경만 주어지면 누가 시키지 않아도 싹은 알아서 나온다.

그 환경을 조성하는 방법이 바로 백스텝이다. 내 마음에서 빠져나와 나와 타인의 마음을 동시에 들여다보는 것이다. 그러면 우린 비로소 알게 된다. 나와 타인은 서로 마음이 다른 게 아니라 마음 위에 덧칠된 '생각'이 다를 뿐이라는 걸.

마음은 언제나 생각에 앞선다. 즉 생각은 마음 상태의

반영에 불과하다. 기억하라. 개인의 머릿속 생각은 천차만 별이다. 그러나 가슴속은 똑같다. 도무지 이해할 수 없는 타인의 생각도 깊이 파고들어 보면 충분히 공감할 수 있는 마음에서 비롯되었다는 걸 알 수 있다. 어떤 게 행복이고 불행인지에 대한 생각은 각자 다르지만, 행복을 얻고 싶고 불행을 피하고 싶어 하는 마음은 다 똑같다. 이것을 아는 게 공감의 첫걸음이다.

모든 사람에게는 똑같은 마음이 존재한다는 것. 그것을 인정하고 타인과 공감하려고 노력하는 것은 물고기가 눈 앞의 플랑크톤에서 호수 전체의 수질로 시선을 확장하는 것과 같다. 일단 내가 사는 물이 깨끗해야 플랑크톤을 먹든 인어공주가 되는 꿈을 꾸든 할 게 아닌가.

말 때문에 상처받지 말라

　세계평화를 추구한다고 해서 자국 방위에 소홀할 수 없듯이 우리도 타인과 두루 잘 지냄을 목표로 하면서도 그들로부터 나를 지킬 수 있는 힘을 함께 키워야 한다. 몸과 마음의 힘을. 몸의 힘은 근력 운동을 통해 키울 수 있다. 마음의 힘은 어떻게 키울까?

　현대사회에서 마음의 상처는 주로 타인의 말을 통해서 받는다. 말은 상대를 공격할 수 있는 가장 손쉬우면서도 효과적 무기이다. 그렇기에 고약한 심보를 가진 자들은 '쫌만 더 세게 말하면 상대가 상처받겠구나.' 하면서 매일

같이 더 악랄한 언어를 연구 개발한다.

하지만 앨런 왓츠란 철학자의 말대로 아무리 여러 번 "물"이라고 말한다 해서 실제로 물에 젖는 건 아니다. 나도 삶을 돌아보니 정말로 말이 나를 해친 적은 단 한 번도 없었다. 상처는 내가 그 말을 흡수할 때 생기기 시작했다.

독설이 생채기를 내려면 그 말을 들은 사람이 반드시 그것을 취식하고 소화해야 한다. 백설공주가 중독된 건 마녀가 독 사과를 건넸기 때문이 아니라 공주가 그 사과를 먹고 소화시켰기 때문이다. 다만 독설이 독 사과와 다른 점은 그걸 깨물기도 전에 이미 내 몸속에 들어와 있다는 것이다. 인간은 리트리버와 달라서 늘 귓구멍이 밖으로 노출돼 있다. 때문에 타인의 독설로부터 나를 지키기 위해선 우선 그 말소리를 듣고도 무심할 수 있는 마음을 지녀야 한다.

거친 말은 그 내용의 전달보다는 감정 배설에 목적이 있는 경우가 훨씬 더 많다. 그러니 내용보단 그 말 뒤에 깔린 화자의 감정을 살피자. 그러면 그가 청자보단 감정 쓰레기통을 필요로 했다는 걸 알게 될 것이다.

명심하라. 인생 최악의 패배는 허튼 데에 당신의 시간을 빼앗기는 것이다. 무시해버리면 그만인 말 한두 마디 때문에 당신의 소중한 시간이 허비되어선 안 된다. 말은 칼이 될 수도 있지만, 자를 게 없는 칼은 서서히 녹슬게 마련이다.

상상에 상상에 상상을 더해

한 승려가 말하길, 사람들은 햇볕에 달구어진 모래밭 위를 맨발로 다니면서 "이놈의 세상! 더럽게 뜨겁네."라고 불평한다고 한다.

우리도 종종 발을 덴다. 타인이라는 모래밭 위에서.

'누구냐 넌.'

분명 내가 잘 안다고 생각한 사람과 함께 있을 때 불현듯 이런 생각이 들 때가 있다. 내 편이라고 믿었던 사람이 납득할 수 없는 이유로 갑자기 내게 상처를 주면 미숫가루를 한 숟갈 퍼먹은 것처럼 숨이 턱 막히곤 한다. 이럴 땐 어떻게 해야 할까? 승려는 간단한 답을 제시한다.

"신발을 신으세요."

어떤 사람은 두꺼운 가죽 조각이 수천 개 들어 있는 짐을 하루 종일 메고 다니면서 한 걸음 내디딜 때마다 일일이 가죽 조각을 발밑에 깐다. 발을 데진 않겠지만, 너무도 힘든 방법이다. 만나는 사람마다 내 마음에 맞게끔 그들의 생각과 태도를 바꾸려는 시도 또한 마찬가지다. 가만히 생각해보라. 당신도 그간 얼마나 많은 시간과 에너지를 그렇게 소비해 왔는지. 그리고 얼마나 자주 그게 허사로 돌아갔는지. 그때마다 타인이라는 장벽에 부딪혀 얼마나 상처받았는지.

이제는 그런 헛수고를 그만둬야 한다. 그 무거운 노력의 짐을 내려놓고 이제는 내 마음에 신발을 신겨야 한다. 상상력이라는 신발을. 당신은 그간 상상력을 동원해 40 수준의 부정적인 상황을 70이나 80정도로 부풀려 왔다. 이 말은, 우리는 상상력을 이용해 80정도로 나쁜 상황을 40으로 축소할 수도 있다는 뜻이다.

소설 『달려라, 아비』의 주인공은 집을 나가 돌아오지 않는 아버지가 세계 일주 중이라고 상상했다. 그것도 비행기가 아닌 도보로. 그것도 시계도 차지 않고. 그러니 설령 아버지가 평생 돌아오지 않는다 해도 그것은 자길 버렸기 때문이 아니라 워낙 이동 시간이 오래 걸리고 시간이 어떻게 가는지 잊었기 때문인 것이다. 저자 김애란은 이러한 주인공의 상상을 공허한 상상이 아닌 '힘 있는' 상상이라고 했다. 왜냐면 그 상상은 나에게 힘을 주기 때문이다. 상상력에는 나를 지키는 힘이 있다.

나는 아무튼 계속 얼굴을 봐야 하는 사람한테서 사고의 장벽을 느낄 때면 그 사람이 100살쯤 되는 노인이라고 상상하곤 한다. 당신이라면 100세 노인의 말과 행동 때문에 상처를 받을 텐가? 왜 그런 식으로 행동하느냐고, 감수성이 그 정도밖에 안 되냐고 질타할 텐가?

당신이 상처받지 않는 건 그들의 비합리적 태도에서 분노보단 연민을 느끼기 때문이다. 어차피 내게 미치는 그의 영향력이 크지 않기 때문에 특별히 신경 쓰지 않아도 되는 것이다. 노인 비하처럼 들려도 할 수 없다. 나는 PC(political correctness)보다 내 마음을 안전하게 지키는 게 더 중요하다. 바꿔야 할 건 그들이 아니라 그들이 내게 끼치는 영향력이다.

내가 친절해야 할 최우선의 대상은 언제나 나다. 다른 사람이 당신의 마음에 과한 영향력을 행사하도록 놔두지 말고 그들의 말과 행동으로부터 한 발자국 물러서라. 그리고 그것들이 사실은 얼마나 자주 모순되는지를 보라. 아마도 피식 웃음이 새어나올 것이다. 그것이 나를 친절하게 대하는 길이다. 그리고 그것이 나를 지키는 힘이다.

타인을 내 생각과 기호에 맞게 바꾼 사람이 승자가 아니라 그들로부터 나를 분리해내 내 마음을 지켜낸 사람이 승자다. 그리고 나를 지키는 가장 강력한 무기는 바로 상상력이다.

"상상력을 키워야 한다."

힘들 땐 타인의 손을 잡아야 한다

우린 종종 나 혼자 힘으로는 해결할 수 없는 문제에 봉착한다. 그럴 땐 주변 환경의 도움을 받아야 한다. 그리고 인간이 도움 받을 수 있는 최고의 자원은 뭐니뭐니해도 '다른 사람'이다.

하지만 우린 타인에게 도움을 청하는 데 인색하다. 남에게 도움은 못 될지언정 민폐가 되고 싶진 않기 때문이다. 일견 염치 있는 태도 같지만, 그와 같은 생각은 다음의 두 가지 차원에서 위험하다.

첫째, 내가 도움 받는 걸 무조건 폐로 여기고 나아가 그 행위를 경멸하게 되면, 나는 앞으로 내 도움을 필요로 하는 사람도 모두 경멸하게 된다.

둘째, 내가 남의 도움 받기를 꺼리는 건 혹시라도 나의 평판에 흠집이 생길까 봐 걱정하기 때문인데, 이 같은 비뚤어진 자기애는 내가 심각한 위기 상황에 몰렸을 때 스스로를 구할 수 없게 만든다.

심리 분야의 권위자 브레네 브라운은 어느 날 자기가 노숙자들을 똑바로 바라보지 못한다는 사실을 깨달았다. 그녀는 평생 다른 사람을 돕는 데 진심이었다. 그런 그녀가 왜 노숙자의 눈을 피했을까?

오랜 성찰 끝에 브레네는 답을 얻었다. 그녀는 자기 자신도 그들처럼 남의 도움을 필요로 하는 존재가 될까 봐 두려웠던 것이다. 그녀는 자신이 평소 특권을 누려왔다는 사실을 알게 되었다. 베스트셀러 작가이자 강연자로서 그들보다 많은 재산과 뛰어난 공감 능력, 연민을 발휘하여 온정을 베풀 수 있는 특권 말이다. 그런 그녀가 도움을 필요로 하는 사람이 된다는 건 그 특권을 상실한다는 뜻이었고 그것은 그녀에게 전락을 의미했다. 즉 그녀는 노숙인을 무의식적으로 전락한 존재로 여기고 있던 것이다. 그녀는 말한다.

"도움을 필요로 하는 자신을 비난하는 건 내가 돕고 있는 사람들을 비난하는 것이다."

도움에 대한 인식을 바꾸어야 한다. 도움은 주기만 하는 게 아니라 '주고받는' 것이다. 우린 도움을 주는 데에만 익숙하고 받는 데에 인색한 사람을 이타적이라고 칭찬하지만, 거기엔 이타성보단 도움받는 것에 대한 수치심이 더 크게 자리 잡고 있을 확률이 높다.

어릴 적 어른들은 말했다.

"남을 도울 수 있는 사람이 되어야 한다."

훌륭한 사람이 되라는 뜻이었으리라. 하지만 거기에 도움을 받는 것에 대한 언급은 일절 없었다. 그래서 우린 자연스럽게 도움 받는 사람을 훌륭하지 않은 사람으로 간주하기 시작했다.

축산업이 발달하지 않은 수만 년 전만 해도 인류는 동물성 단백질을 섭취하기 위해 커다란 맹수를 잡아야 했다. 그러려면 사냥을 나간 남자들은 서로 도와야 했다. 남자들이 사냥을 가면 여자와 아이만 남은 주거 공간은 방어에 취약해질 수밖에 없었다. 그래서 여자들은 내 자식뿐 아니라 남의 자식 양육까지 도우면서 틈틈이 외부 위협을 감시하고 경계했어야 했다. 그들에게는 남의 도움을 받는 것이 민폐가 아니라 '당연한' 생존 전략이었다.

반면 개인주의적 성향이 강한 현대인은 타인의 도움을 받을 때마다 감사는커녕 수치심을 느낀다. 그것은 강함에 대한 오해 때문이다. 타인의 도움을 받는 대신 그들을 굴복시켜야 내가 강자가 된다고 믿기 때문이다.

하지만 강함의 본질은 군림하는 게 아니다. 군림하는 자는 기껏해야 공공의 적이 될 뿐이다. 진정한 강자는 안전한 자이다. 안전한 세상에 들어가 기거하는 자가 승리한다. 그리고 그 안전은 우리 선조들이 했던 방식으로 타인과 도움을 주고받음으로써 이룰 수 있다. 힘을 합칠수록 더 안전하다. 사고방지 그물망도 씨줄과 날줄이 뺄수록 더 튼튼한 법이다.

영화 〈타이타닉〉에서 잭은 현두(舷頭)에 올라선 로즈에게 손을 내밀며 묻는다.

"나를 믿나요?"

로즈는 "믿어요."라고 답한 뒤 그의 손을 잡는다. 그리고 말한다.

"나 지금 날고 있어요."

믿음으로 잡을 수 있는 손이 있는 사람은 중력을 거스를 수 있다. 흐르는 강물을 거꾸로 거슬러 오르는 연어처럼 고통의 무게를 견뎌낼 수 있다. 그 손을 갖지 못한 사람의 모습은 비참하기만 하다. 그것은 한때 히틀러를 지지했던 마르틴 니묄러 목사의 시에 잘 나타나 있다.

> 그들이 공산주의자들을 덮쳤을 때,
> 나는 침묵했다.
> 나는 공산주의자가 아니었기 때문에.
>
> 그들이 유대인들을 덮쳤을 때,
> 나는 침묵했다.
> 나는 유대인이 아니었기에.

그 후 그들이 나를 덮쳤을 때,

나를 위해 말해줄 사람이

아무도 남아 있지 않았다.

이러한 소외상태, 나를 위해 손잡아줄 사람이 아무도 없는 현실이야말로 인간의 가장 큰 불행이다. 힘들 때 도움을 받을 수 있는 손을 얻는 방법, 그것은 내가 먼저 손을 내미는 것이다. 누군가는 그 손을 반드시 잡을 것이다. 그리고 그때 나의 고통은 2등분, 4등분…… 1,000등분으로 쪼개질 것이다. 그리고 계속해서 잘게 쪼개지는 그 조각들 사이로 차츰 치유의 숨결이 드나들 것이다.

'인간은 사회적 동물'이라는 말에서 '사회적'이란 '도움을 주고받는다'란 뜻이다. 이러한 인간의 본질을 기억하고 남한테서 도움 받는 게 결코 수치스러워할 일이 아니란 걸 알아야 한다. 그래야 위급할 때 내가 나를 지킬 수 있고, 또한 그것이 나를 돕는 타인을, 그리고 그들을 돕는 나를 존중하는 자세이다.

손에 손잡고~ 벽을 넘어서~♬

판단중심에서 의견중심으로

"니들이 뭔데 날 판단해?"

10년 전쯤 어느 가수가 한 이 말은 한동안 Z세대의 모토가 되었다. 이 말의 통쾌함을 알고 나서야 사람들은 그간 자신이 판단 받는 것에 신물이 나 있다는 걸 깨달았다. 한국인들은 왜 이렇게 판단하는 걸 좋아할까? 어쩌면 평소 쓰는 언어에 문제가 있는 건 아닐까?

영어를 배우다 보면 확실히 한국어와 표현 방식이 다르다는 걸 자주 느낀다. 그 대표적 예가 방금 목격한 것에 대한 반응이다. 이를테면 이런 식이다.

(누군가가 예쁜 치마를 입은 걸 보고)

영어: I like your skirt.

국어: 네 치마 예쁘다.

영어에선 '난 그게 좋다.'라는 사적 소견을 내놓지만, 국어에선 '예쁘다.'고 판단 내린다. 개인 의견에는 남이 건드릴 수 없다는 특징이 있다. 내가 동의할 수 없어도 그 사람 생각이니 가타부타 논할 필요가 없다. 그런데 마치 객관적·보편적 사실을 말하는 것 같은 판단이 일상화된 한국인들의 대화는 자주 이런 식으로 흘러간다.

A: 그 영화 되게 재밌더라.

B: 뭔 소리야. 완전 노잼이던데?

A: 그게 노잼이라니, 네가 그러고도 사람이야?

첫 문장이 "나는 개인적으로 그 영화에서 재밌는 요소를 여럿 발견했어."였다면 대화는 훨씬 더 매끄러웠으리라. 하지만 한국에선 아무도 그렇게 말하지 않는다. 어릴 적부터 다양한 의견에 대한 존중보다는 옳고 그름의 이분법적 사고를 배웠기 때문이다.

게다가 매사에 우열과 등급을 가리는 계급주의적 사회 분위기도 한몫한다. 따라서 사람들은 개인적 소견을 내놓음으로써 상대와 대등한 위치에 서기보단 판단으로써 상대 위에 올라서고자 한다. 물론 그러한 바람이 생긴 이유는 자기 의견이 권력에 의해 묵살된 경우가 많았기 때문이다.

권위주의와 판단은 한 묶음이다. 일단 위아래가 생기면 나는 항상 위 혹은 아래라고 판단 받게 된다. 시소에 올라탄 이상 반대편에 누가 타느냐에 따라 판단은 달라질 수 있다.

사실 대부분의 사람이 이러한 권위주의적 판단에 염증을 느낀다. 그런데도 계속 그것만을 고수하는 이유는 첫째, 백스텝을 하지 않아 그걸 싫어하는 자신의 마음을 보지 못하기 때문이다.

둘째는, 너도나도 자신의 마음을 숨기며 살기 때문에 나 말고 다른 사람들은 판단 받는 것에 거부감이 없다고 착각하기 때문이다. 나만 판단전쟁에서 빠지면 나만 겁쟁이가 되는 것 같아 일단 조용히 있는다. 이때 필요한 것이 오일남 할아버지다.

"이러다 다 죽어."

다 같이 죽지 않으려면 우리의 언어부터, 그게 힘들다면 생각하는 방식에서부터 판단중심에서 의견중심으로 바꿔나가야 한다. 만일 그렇게 한다면 우리 사회에 다음과 같은 두 가지 긍정적 변화를 가져올 수 있다.

1. 의견은 서로 '다를' 순 있으나 '틀릴' 순 없기에 쓸데없는 싸움을 피할 수 있다.

2. 틀렸다는 지적을 받지 않아도 되기에 눈치 안 보고 나의 의견을 솔직하게 말할 수 있다.

"판단중심에서 의견중심으로."

이것만 지켜도 인간관계에서 불필요한 갈등을 상당량 줄일 수 있다.

제6장

쾌감으로부터
백스텝하라

공짜 점심은 없다

공짜 점심은 없다. 신이 점심을 쏜다고 하면 맘 편하게 먹을 생각은 애초에 안 하는 게 좋다. 식후에 당신이 내야 할 디저트 값이 밥값의 반이 될지 천만 배가 될지는 아무도 모르기 때문이다.

조선의 7대 왕 세조 또한 처음엔 신의 후한 대접을 받는 것처럼 보였다. 동시대 걸출한 인사들의 추대를 받았고, 거기에 천운까지 따라 그 어렵다는 쿠데타에 성공했다.

하지만 그 후로 자신의 욕망 때문에 비참한 죽음을 맞이한 조카(단종)의 어머니가 매일 밤 꿈에 나타나 자신의 몸에 침을 뱉었다. (꿈에서)침을 맞은 자리에는 그를 평생 괴롭힌 악성 피부병이 도졌다. 세조의 두 아들은 모두 스무 살에 요절했고, 하나뿐인 딸마저 슬하에 자녀를 하나도 두지 못한 채 사망했다.

이제 우리는 우리 마음속 쾌감이를 만나러 가야 한다. 지금도 쾌감이는 당신을 강력하게 설득하고 있다. "네가 진짜라고 믿어야 할 것은 오직 감각뿐이야."라고. 그때 그가 내세우는 가장 강력한 무기가 바로 쾌감이다.

쾌락적 감각에 빠졌을 때 거의 모든 사람이 '이대로 시간이 멈추었으면 좋겠다.'란 생각을 한다. 현재 내가 느끼는 감각만이 진짜이기를 희망한다. 이러한 갈망은 마음속에서 서서히 다음과 같은 믿음을 만들어낸다.

'바삭한 치킨을 베어 물 때 느껴지는 그 감각! 열망하던 상대와 사랑을 나눌 때의 바로 그 감각! 그것만이 진짜다! 그것 말고 중요한 게 또 뭐가 있으랴?!'

이처럼 쾌감은 당신을 감각 맹신주의로 유인한다. 하지만 모든 것에는 반대편 날이 있듯이 그러한 태도는 당신이 불쾌감을 느낄 때조차 그걸 삶의 전부로 인식하게 만든다.

불쾌감은 고통스런 감각이다. 삶이 고통으로 가득할 때 당신은 그 고통이 진짜가 아니라고 믿고 싶다. 하지만 그럴 수 없다. 이미 전에 쾌감에 빠졌을 때 감각만이 진짜라고 믿었기 때문이다.

어린 아이들이 현실을 인식하는 감각기관은 막자(pestle)처럼 뭉뚝한 형태이다. 그래서 그들은 현실에 둔감하다. 그것이 자주 그들의 상상이나 공상, 만화, 동화, 꿈 등과 뒤섞이기 때문이다. 그래서 아이들은 산타클로스를 믿고 용을 믿고 천사와 요정을 믿는다.

어른들은 종종 아이들의 이런 순진무구함을 비웃지만, 거기엔 어른이 가지지 못한 특별한 힘이 존재한다. 고통에 둔감할 수 있는 능력 말이다.

물론 아이들도 괴로운 상황을 마주할 때 고통을 느낀다. 하지만 그들은 한편으론 수호신의 존재를 믿는다. 눈앞의 현실도 진짜지만, 그 현실 너머에 더 위대한 존재가 있다는 것도 사실로서 받아들인다. 그것이 그들의 고통을 감지하는 능력을 둔화시킨다.

반면 보이고, 들리고, 만져지고, 냄새나고, 맛볼 수 있는 것만을 진짜로 여기는 어른들의 감각기관은 연필(pencil)처럼 뾰족하다. 그 외의 것은 비현실로 규정하기에 그들의 현실은 오직 오감으로 한정된다. 그러므로 그들이 추구할 수 있는 최고의 행복은 '오감의 만족', 즉 쾌감이다.

어른들은 촉수 하나하나를 뾰족하게 다듬어 미세한 쾌감 하나라도 더 얻기 위해 노력한다. 그래서 그들은 현실에 민감하다. 문제는 현실이 쾌감 대신 고통을 던져줄 때 그들의 예민한 촉수는 그 고통을 아이들에 비해 터무니없이 부풀려서 인식한다는 것이다.

앞으로 이 장에서 당신이 연습하게 될 백스텝은 '쾌감으로부터의 백스텝'이다. 백스텝으로 쾌감의 실체를 알게 되면, 일견 공짜 점심처럼 보이는 그것에도 실은 만만찮은 디저트 값이 매겨져 있다는 걸 알게 될 것이다. 그 디저트 값이 바로 고통이다. 당신이 먹어치운 점심 양이 늘수록 디저트 값 또한 올라간다. 그것은 당연한 이치다. 쾌감이란 이마 뒤에 고통이라는 뒤통수가 달린 걸 어찌하랴.

피해의식에서 탈출하라

마음의 고통은 언제나 피해의식에서 비롯된다. 내가 운전 중 졸다가 전봇대를 들이받고 부상을 입으면 당장 몸이 고통 받지만, 상처가 나음과 동시에 모든 고통은 사라진다.

그런데 누군가가 내 차를 들이받으면? 그땐 상처가 낫는다 해도 마음의 고통이 계속된다. 왜? 그것은 다른 가해자에 의해 벌어진 사고이고 나는 피해자가 되었기 때문이다.

설령 가해자가 전액 변상을 해주고 몸이 완치돼도 나는

계속 피해자로 남는다. 안 겪어도 될 일을 그 사람 때문에 겪는 바람에 육체적·정신적·시간적 손해를 입었다는 피해의식이 그대로 남기 때문이다.

가해자는 이미 내 인생에서 사라졌는데도 나는 계속 피해자로 산다. 고통의 피해자로서.

고통이 나의 가해자가 되면 나는 고통에게 고통 받는 나를 용서하지 못해 끝없는 고통에 시달리게 된다. 이 악순환의 고리를 끊기 위해선 우린 고통과 화해해야 한다. 그리고 그 최선의 방법은 '고통에 감사하는 것'이다.

감사는 피해의식과 가장 거리가 먼 감정이다. 내게 모종의 이익이 돌아왔을 때 나는 감사를 느끼고 혹시 내가 이익을 봄으로써 누군가에게 폐를 끼치진 않았나 살피게 된다. 그것은 죄책감이라기보단 이익을 본 사람이 갖는 일종의 여유다. 그래서 감사할 게 많은 사람은 타인에게 너그럽고 후하다.

하지만 아무리 감사가 좋다한들 이유 없이 감사를 느낄 수는 없는 법. 그렇다면 고통에 감사해야 할 이유를 우린 어디서 찾을 수 있을까?

맬컴 엑스는 인종차별과 맞서 싸우기로 한 이유에 대해 '난로 위에 서 있으면 고통스럽기 때문'이라고 했다. 난로 위에 손을 올리면 우린 엄청난 고통을 느끼면서 "앗 뜨거!" 하고 순식간에 손을 뺀다. 그럼으로써 더 큰 화상을 입는 것을 막아준다. 고통을 느끼지 못했다면 손이 타들어 가 문드러질 때까지 빼지 못했을 것이다. 맬컴 엑스가 부조리한 차별을 받는 삶에서 빠져나오기로 한 것도 그에게 고통을 느낄 줄 아는 능력이 있었기 때문이다.

고통은 신이 모든 인간을 일일이 돌보기 힘들어서 개인에게 하나씩 선물해준 안전장치다. 이대로 계속 살다간 머잖아 심각한 위기에 처할 수 있다는 경고를 해주는 일종의 알람인 것이다.

고통의 피해자가 되지 말고 고통을 느낄 수 있음에 감사해야 한다. 이러한 감사를 진심으로 느낄 수 있을 때 비로소 우린 고통과 화해하고 더 이상 피해의식에 시달리지 않을 수 있다.

사람들은 쾌감에 둘러싸여 살면 불행이라는 총알을 막을 수 있다고 믿는다. 실상은 그 반대다. 오직 쾌감만 좇다 보면 늘 조마조마하게 된다. 도처에 불쾌를 유발하는 것들이 널려 있기 때문이다. 그래서 앞에선 그것들을 못 본 척하고 뒤에선 제발 다시는 저것들을 만나지 않게 해달라고 기도한다.

이런 사람은 자기 마음을 자식을 과잉보호하는 부모처럼 대하곤 한다. 나는 이 책에서 계속해서 내 마음을 관심 있게 바라보고 돌봐야 한다고 주장하지만, 그게 마음을 과잉보호하라는 뜻은 아니다. 지나치게 싸고돌면 마음은 응석받이가 되고 만다. 그러면 마음은 계속 쾌감만 달라고 보챌 것이며 어쩌다가 작은 고통을 만나도 견디기 힘들어할 것이다.

근육질 몸을 얻기 위해선 일부러 근섬유를 찢어 근 성장을 유도하고, 탱탱한 피부를 가꾸기 위해선 피부에 일부러 상처를 내 콜라겐 생성을 유도해야 한다. 마찬가지로 강한 멘탈을 얻기 위해서도 어느 정도의 고통을 받아들이는 연습이 필요하다.

편안한 마음은 고통을 피해서 얻을 수 있는 게 아니다. 고통과 친숙해져서 그것을 만나도 놀라지 않는 여유에서 나온다. 더 나아가 그 고통을 나의 성장의 발판으로 삼고 그것에 감사하는 마음에서 나온다.

고통은 우리 마음에 생채기를 내지만, 상처와 회복이 반복되다 보면 거기엔 굳은살이 박인다. 단단히 박인 굳은살의 경우 바늘로 찔러도 아프지 않다. 그것은 제갈량이 특수 제작한 짚을 잔뜩 실은 배처럼 아무리 많은 화살이 날아와도 타격을 입지 않는다. 추후에 그 화살을 수거하면 나의 무기가 된다.

고통으로부터 피해만 입었다는 생각에 갇히지 말고 그것을 나의 마음 근력 트레이너로 활용하라. 그것이 나의 마음을 단련하고 성장시켰다는 걸 알게 되면 결국 고통에 감사하게 될 것이다. 그러면 더 이상 피해의식에 시달리지 않아도 된다. 그때 진정으로 편안한 마음을 누릴 수 있다.

쾌감, 집착을 부르는 유혹

그리스 신화에 나오는 바닷속 님프 세이렌은 천상의 목소리로 노래해 뱃사람들의 혼을 쏙 빼놓았다. 항해 중이던 선원들은 세이렌한테 가까이 가려다가 모두 물속에 빠져 죽고 말았다. 그 후로 세이렌은 요물이라 불렸다.

『노트르담 드 파리』의 에스메랄다는 젊은 집시여인인데, 노년의 신부 프롤로는 그녀를 보고 불같은 정욕을 느낀다. 하지만 그녀는 이미 페뷔스라는 미남 청년에게 마음을 빼앗긴 상태였다. 프롤로는 에스메랄다가 파리의 미풍양속을 해치는 마녀라고 주장하면서 그녀를 교수형에 처했다.

『디모데전서』는 말한다.

"돈은 만악萬惡의 근원이다."

신은 화폐반대론자인가? 공산주의자인 걸까? 그러나 이 것은 악마의 편집이 불러일으킨 오해이다. 「디모데전서」 6장 10절의 전문은 이러하다.

> 돈에 대한 집착은 만악의 근원이니, 돈이라면 사족을 못 쓰는 인간은 신으로부터 스스로 멀어져 고통의 구렁텅 이로 빠져들지어다.

돈이 아니라 '돈에 대한 집착'이 문제였다. 돈은 아무런 잘못이 없다. 돈이 주는 쾌감에 빠졌다가 인생을 망친 건 그 사람 책임이다. 마찬가지로 세이렌과 에스메랄다에게 도 아무런 잘못이 없다. 선원들과 노老 신부가 쾌감에 집착 하다가 자멸했을 뿐.

어느 날 장자莊子가 밤나무밭 주위를 거닐고 있었다. 그 런데 하늘에서 커다란 새 한 마리가 내려와 나무 위에 앉 더니 무언가를 유심히 관찰하는 게 아닌가. 호기심이 생긴

장자는 새의 시선을 따라가 보았다. 새는 통통하게 살이 오른 사마귀 한 마리를 뒤에서 지켜보며 입맛을 다시고 있었다. 그런데 그 사마귀는 시원한 그늘에서 노래를 부르고 있는 매미 한 마리를 노리고 있었다. 장자는 깊은 깨달음을 얻었다는 듯이 말했다.

"저마다 각자의 쾌감을 좇느라 자기가 위험에 빠져있다는 사실은 모르는구나!"

그런데 그때 저 멀리서 누군가가 장자를 향해 마구 욕설을 퍼부으며 소리쳤다. 밤나무밭 주인이었다. 장자는 그제야 자기가 남의 밭에 함부로 들어와 있다는 걸 깨달았다.

'아뿔싸! 나는 고귀한 진리를 발견했다는 쾌감에 취해 남에게 피해를 주는 것도 모르고 있었구나!'

세상에서 가장 가치 있는 일도 그것에 빠져들어 나를 돌아보지 못하면 집착에 불과하다. 그래서 그 옛날 부처님도 제자들에게 이렇게 가르쳤다.

"아라한 도(큰 깨달음)를 얻고 돌아오는 길이라도 항상 발밑을 조심하라. 개미들을 밟을 수 있기 때문이다."

이따금씩 삶에 찾아오는 쾌감이 행복을 가져다주는 건

애초에 그것을 기대하지 않았기 때문이다. 그러나 한 번 맛본 쾌감을 계속 기대하면 집착이 생겨난다. 쾌감을 기대하는 건 행복하고 싶기 때문인데, 쾌감의 수명은 대개 매우 짧다. 그러니 그에 집착하면 그 사람의 행복은 시한부 신세가 되고 만다. 언제 그 행복의 수명이 다하려나 걱정하면서 대부분의 시간을 불행하게 보내게 된다.

쾌감은 헤나 스티커처럼 샤워 몇 번만 해도 금세 떨어져 나간다. 계속 쾌감을 얻기 위해서 좀 더 비싸고 접착력이 강한 스티커를 사서 붙이고, 또다시 떨어지면 더 좋은 걸 사서 붙인다. 그러다가 결국 문신을 하기로 마음먹는다. 그것을 우린 중독이라 부른다.

쾌감에 집착하는 마음에서 벗어나 그것은 한낱 일장춘몽에 불과하다는 사실, 삶은 언제든 새로운 고통을 던져줄 준비를 하고 있다는 사실을 깨닫는 게 우리 마음을 지키는 길이다.

영원한 쾌감이라는 미신을 좇다 보면 집착이 생기고, 그것은 머잖아 온갖 고통을 야기한다. 매일매일이 '오늘부터 1일' 같기를 바라는 연애, 매일매일이 신혼여행 같기를 바라는 결혼 생활이 지옥으로 변하기 쉬운 것처럼 말이다.

응원과 위로를 경계하라

내가 어릴 때만 해도 '힘든 사람'이라고 하면 가장 먼저 가난한 사람을 떠올렸다. 당시만 해도 많은 사람이 돈만 있으면 힘들지 않을 거라고 믿었다. 하지만 이젠 누가 힘들다고 하면 자연스럽게 마음의 고통을 떠올린다. 이제는 마음이 힘든 사람이 가장 힘든 사람이라는 걸 서로가 알고 있다.

이때 가뭄에 단비 같은 쾌감을 선사하는 게 있다. 타인의 응원과 위로가 그것이다. "당신을 응원합니다."와 "다 잘 될 겁니다."같은 말은 스트레스와 불안에 시달리는 현대인에게 '최애' 진통제가 되었다.

진통제는 말 그대로 고통을 진정시켜준다는 거니까 그 자체로선 나쁠 게 없다. 문제는 중독이다. 무언가에 중독된 사람은 그것에 의존한다. 정신이 건강한 사람은 잠깐씩 진통제를 복용하더라도 결코 그것에 의존하지 않는다. 그는 진통제의 목적이 고통의 경감까지라는 걸 알고 있다. 그 이상은 남용이기에 알아서 삼간다.

편안한 마음을 갖고 싶다면 우선 마음이 건강해야 하고, 그러려면 타인의 응원과 위로에 의존하지 않는 법부터 익혀야 한다. 내 마음의 건강을 남이 주는 쾌감에서 찾았다간 자꾸 그것을 구걸하게 될 것이다. 위로해 달라고, 응원해 달라고 보챌 것이다. 유명인들이 악플에 시달리면서도 계속 댓글을 뒤져대는 이유가 바로 이 때문이다. 10개의 악플 중 하나라도 있을지 모를 응원과 위로를 찾기 위해서. 그런데 그 한 개를 찾고자 이미 9번이나 난도질당한 마음의 상처는 너무도 깊다.

응원과 위로가 주는 쾌감에 중독될 때 발생하는 더 큰 부작용이 있다. 아무리 힘들어도 마음의 짐을 내려놓으려

하지 않는다는 것이다. 왜냐면 그랬다간 더 이상 응원과 위로를 받을 수 없기 때문이다. 이건 마치 노새가 강물에 빠지기 위해 가벼운 솜 대신 무거운 소금 포대를 짊어지는 것과 같다. 이 노새는 가벼운 짐을 지는 것보다 무거운 짐을 녹이는 쾌감에서 더 큰 기쁨을 찾는다. 그러므로 그에겐 항상 무거운 짐이 필요하고 물에 빠진 잠깐 동안을 제외하곤 대부분의 삶이 고통이 된다.

『앵무새 죽이기』의 대사처럼 우리는 타인의 육체를 뒤집어쓰고 그의 삶을 직접 살아보기 전까진 그 사람 마음을 온전히 이해할 수 없다. 내 입장을 완전히 이해하고 배려하는 위로를 받는다는 건 그만큼 어려운 일이다. 아니 불가능하다는 게 훨씬 더 진실에 가깝다.

영화 〈심판〉의 주인공 카티아는 네오나치의 폭파 테러로 사랑하는 남편과 아들을 동시에 잃었다. 죽지 못해 사는 고통의 나날을 보내는 카티아. 어느 날 그녀의 친한 친구가 위로차 그녀의 집을 방문한다. 친구는 카티아를 진심으로 걱정하지만, 문제는 그녀가 거기에 아들을 데려왔다는 것이다. 카티아는 죽은 아들 또래의 사내아이를 보는 것만으로도 가슴이 미어진다. 물론 친구가 그녀를 염장 지르려고 아들을 데리고 온 건 아닐 것이다. 하지만 그녀는 자신의 행동이 친구에게 상처를 줄 수 있다는 생각까진 하지 못했다. 우둔해서가 아니라 자기는 아들을 잃은 적이 없기 때문이다.

가진 자의 입장에서 중요한 걸 상실한 사람의 입장을 온전히 이해하려면 그가 살고 있는 구렁텅이로 일부러 내려가야 하는데 그건 결코 쉬운 일이 아니다. 거기엔 엄청난 공감능력과 극단적 이타성이 요구된다. 내 마음 하나 챙기기도 바쁜 현대인에겐 기대하기 힘든 일이다.

그러므로 우린 내 마음을 처음부터 끝까지 완벽하게 이해해줄 타인이 있을 거라는 꿈에서 깨야 한다. 그 희박한 확률에 기대지 말고 내 스스로가 나의 응원자와 위로자가 되어 주어야 한다.

그런데도 여전히 타인의 전적인 공감과 위로를 기대하는 마음이 생긴다면 입장을 한번 바꿔 보라. 여태껏 누군가의 행동이나 말, 생각이 단 한 번도 거슬리지 않았던 경우가 있었던가? 어쩌면 그런 사람이 있었을 수도 있다. 하지만 당신이 본 건 그 사람의 아주 일부일 뿐이다. 둘 간의 위계나 이해관계 때문에 그가 당신 눈에 거슬리지 않도록 조심했을 뿐이다. 그게 결코 그 사람 모습의 전부는 아니다.

만병통치약과 같은 타인의 응원과 위로를 구할 시간에 내가 내 마음의 화타가 되는 법을 한 시간이라도 더 연구해야 한다. 갈구해서 받은 것에는 마음의 빚이 따라온다. 언젠가는 이 신세를 갚아야 할 것 같고, 만일 그렇지 않을 경우 내가 아주 나쁜 사람이 될 것만 같다. 그것은 '내 마음을 괴롭히는 것' 목록에 항목 하나를 추가할 뿐이다.

반면 안 받아도 그만인 걸 받았을 땐 아무런 부담도 없다. 그렇기 때문에 오히려 마음껏 감사할 수 있다. 타인의 응원과 위로를 필요로 하지 않는 사람이 그것에 훨씬 더 순수한 감사를 느낄 수 있다.

인정 욕구에는 갈고리가 달렸다

소고기든 돼지고기든 덜 익혀 먹으면 몸에 기생충이 자랄 위험이 있다. 그런데 보통 돼지고기를 더 바싹 익히라고 한다. 왜 그럴까?

돼지고기를 통해 감염되는 기생충에는 한 가지 특징이 있다. 머리 부분에 갈고리가 달렸다는 것. 소고기의 기생충은 약한 불로도 제거되는 반면 이 '갈고리촌충'은 돼지 창자벽에 갈고리를 걸어 단단하게 부착되어 있다. 그래서 그것을 끊기 위해 더 센 불이 필요한 것이다.

인간의 마음속에도 갈고리촌충이 산다. 인정받지 못한

느낌이 바로 그것이다. 내 가치를 인정하지 않거나 평판을 훼손하는 타인의 말은 뇌 깊숙이 파고들어 단단히 들러붙는다. 우리 마음이 인정 욕구로 가득하기 때문이다.

우리는 언제나 내가 내 삶의 주인공이길 원한다. 때문에 조연들에게 인정받고 주인공으로서 대우받는 것만 한 쾌감도 없다. 문제는 그 쾌감이 클수록 인정받지 못하는 상황에는 취약할 수밖에 없다는 것이다.

기대가 크면 실망도 큰 법. 갈고리촌충의 정체는 사실 인정받지 못했다는 사실이 아니라 인정받고 싶은 나의 욕망인 것이다.

남에게 인정받고 싶어 하는 욕망을 확 줄여야 한다. 그리고 남이 나를 모욕할 때 멘탈이 흔들리지 않도록 붙잡는 것처럼 남이 나를 칭찬할 때도 그래야 한다.

감언이설에 고취되지 않도록 늘 주의해야 한다. 모욕은 도로 위 난폭 운전자처럼 나를 '고약하게' 골탕먹이지만, 칭찬은 운전 중 창밖의 아름다운 풍경처럼 나를 '친절하게' 위험에 빠뜨린다. 모욕이든 칭찬이든 타인에게 인정받고 싶어 하는 욕구를 자극해 나의 주체적 가치판단과 자유의지를 흔들어놓을 수 있다.

다른 사람이 내게 당근을 주느냐 채찍을 주느냐에 따라 내 마음이 천국과 지옥을 오가선 안 된다. 이것은 개인에게 재앙과도 같다. 당신은 오직 당신만의 목소리로 신을 경배하고 삶을 예찬하기 위해 이 세상에 태어났다. 남에게 인정이나 받자고 태어난 게 아니다. 항상 이 점을 명심해야 한다.

마음의 중심을 잡을 것

차축이 바퀴의 중심에서 벗어난 수레를 타면 심하게 덜컹거릴 것이다. 도로가 비포장이어서가 아니라 바퀴가 불량인 거다. 도로를 새로 깔아야 한다고 호들갑을 떨기 전에 자신의 차축부터 바퀴 중심에 잘 끼워져 있는지 점검해야 한다.

마음을 어지럽히는 것들로 가득한 이 세상에서 살기로 했다면 그들이 자꾸 내 마음을 어지럽힌다고 불평하기 전에 내 마음의 중심부터 잘 잡아야 한다.(그게 싫으면 내가 어릴 적 유행하던 코미디 대사를 따르면 된다. "지구를 떠나거라~~.")

　디스코팡팡에 탑승한 사람들은 자리에 가만히 앉아서 어지럽다며 죽는소리를 낸다. 그때 한 사람이 자리에서 벌떡 일어나 놀이기구 중앙으로 걸어간다. 그리고 온갖 진기한 텀블링 묘기를 선보인다. 그제야 사람들은 깨닫는다. 자신이 게으른 불평가였다는 걸.

　발레리나 김지영은 〈백조의 호수〉에서 32회전 기술을 구사하면서도 넘어지지 않는 비결로서 관객 하나를 딱 찍어서 그 사람만 응시하는 걸 들었다. 무대 안은 각종 무대 장치와 춤추는 무용수들로 정신이 없다. 그때 어느 한 관객은 무대 밖에 고정된 중심축이 된다.

　언제나 중심 잡기가 제일 중요하다. 글을 쓸 때도 중심 주제가 잘 잡혀야 하고 운동할 때도 코어 근육이 가장 중요하다고 하지 않던가. 지금 내 마음이 자꾸 어떤 쾌감에 이끌려 혼란스럽다면 바꿔야 할 것은 그 쾌감이 아니라 내 마음 상태다.

　삶은 디스코팡팡이 아니어서 전원을 끌 수 없다. 삶은 계속해서 당신의 고요한 마음에 유혹과 욕망, 중독을 투척

할 것이다. 이때 중요한 것은 그럼에도 내 마음의 중심을 어떻게 잡을 것인가이다.

"사람이란 흐르는 물을 거울로 삼지 말고 멈춰 있는 물을 거울로 삼아야 한다."

위 공자의 말에서 물은 자극을 뜻한다. 세상은 온갖 자극으로 가득하다. 그리고 마음은 자극의 컵이 비워지는 즉시 리필 받기를 원한다. 된통 위장병에 걸린 뒤 유기농 채소와 슈퍼푸드로 건강을 회복하고 나면 스멀스멀 삼겹살에 소주 생각이 나는 것처럼 말이다.

흔히 마음을 수행한다고 하면 온갖 자극적인 것에서 시선을 거두는 거라고 생각하는데, 수행의 목적은 물을 '제대로' 보는 것이지 보지 않는 게 아니다. 물을 제대로 보지 못하는 이유는 물이 계속 흐르기 때문이고, 물이 흐르는 이유는 물길이 기울어져 있기 때문이다.

물길은 우리의 '마음'이다. 고요한 마음(수평의 물길)에 자극(물)이 들어오면 동요하고 그쪽으로 자꾸만 마음이 기운다. 그러다가 마음이 다시는 수평을 잡지 못할 때 중독에 빠진다. 중독된 자의 마음은 두 번 다시 고요해질 수 없다. 그 끝은 대개 파멸이다.

그럼 이 같은 중독의 덫을 피하기 위해서 우린 어떤 노력을 해야 할까?

나는 6·25 당시 젊은 시절을 보냈을 집안 어른들로부터 전쟁 피해에 대한 이야기를 단 한 번도 들어본 적이 없다. 알고 보니 그들이 모여 살던 곳은 너무도 깊은 산골이라 전쟁 피해의 영향권 밖에 있었다. 그래서 따로 피난을 갈 필요가 없었던 것이다.

무언가의 밖에 있다는 건 그것의 영향을 받지 않는다는 뜻이다. 우리도 자극에 영향을 받지 않기 위해 자극 밖으로 나와야 한다. 그 '밖'이란 우리의 '원래 마음'을 뜻한다.

아무리 복잡한 그림이라도 그 밑에는 흰 캔버스가 깔려 있기 마련이다. 유화를 그리다가 실패해도 물감이 마른 뒤 긁어내면 다시 원래의 흰 캔버스를 찾을 수 있다. 원래의 우리 마음도 흰 캔버스처럼 깨끗하고 단순하다. 그런데도 마음이 자꾸 어지러운 건 캔버스 위에 칠해진 형형색색의 이미지에 정신이 팔렸기 때문이다.

마음수행은 흔들리는 마음을 붙잡는 것이 아니라 원래

의 평화로운 마음을 되찾는 것이다.

나쁜 생각은 나쁜 걸까?

정신과 전문의가 시청자 고민 상담을 해주는 TV 프로그램에 한 중학교 남학생이 사연을 보냈다.

그는 얼마 전 친구를 통해 '야동'을 난생처음 접했다. 처음엔 적잖은 충격을 받았다. 하지만 며칠 후 다시 보고 싶다는 생각이 들었다. 이제 그는 본격적으로 야동에 빠져들기 시작했다. 물론 그것들이 몰카와 같은 범죄 영상물은 아니었다. 일본에서 정식으로 유통되는 일명 'AV'였다.

미성년자가 성인물을 보는 건 잘못이고 AV의 국내 유통은 불법이란 것도 알고 있었지만, 자기가 보는 게 최소한 범죄 영상물은 아니란 데서 그는 정당화의 구실을 찾았다. 하지만 영상물 속 스토리는 엄연한 범죄였다. 그것도 매우 매우 심각한 범죄. 사연의 주인공은 울먹이며 말했다. 이러다가 자기가 뉴스에 나오는 성범죄자처럼 되는 건 아닐까 무섭다고.

인간은 하루에도 수많은 생각을 한다. 평균 5~7만 가지라는 말도 있고 어디선 6~8천 가지라고 하기도 한다. 아무튼, 많은 생각을 하는 건 분명해 보인다. 그리고 그 많은 생각 중 어떤 생각은 의도를 갖고 하기도 하지만, 저절로 일어나는 불가항적 생각들도 있다. 그리고 그중에는 성적인 생각도 있고, 앞선 사연자의 예처럼 성적인 걸 넘어선 범죄에 대한 생각도 있다.

그러한 생각들은 보통 머릿속 생각 풍선이 바늘에 찔리기라도 한 듯이 단숨에 터져 나오기 마련이다. 어떻게 손써 볼 틈도 없이 말이다. 그러다가 어느 정도 시간이 지나고 나면 그때부턴 그 생각을 혐오하게 된다. 이내 죄책감이 밀려온다. 그 뒤에 따라오는 건 혐오스런 생각을 한 나 자신에 대한 혐오이다. 이제 이 사람은 생각 자체를 두려워하게 된다. 생각을 두려워하면 마음은 불안으로 가득 찬다. 언제 또 그런 불가항적 생각이 터져 나올지 모르기 때문이다.

생각을 두려워하는 사람이 취할 수 있는 가장 손쉬운 방법은 생각 회피하기다. 드라마나 영화, 게임에 몰두하거나 친구들과 술을 마시며 웃고 떠드는 동안 우리는 잠시 생각을 멈출 수 있다. 이러한 의도적 생각정지는 머릿속에 휴식을 주는 등 긍정적 효과를 내기도 한다. 하지만 그것은 어디까지나 '일시' 정지여야 한다. 휴식이 끝났으면 다시 생각을 해야 한다. 인간의 내적 성장 또한 생각을 통해 이루어지기 때문이다.

생각을 이용해 스스로를 돌아보고, 잘못한 건 반성하고 잘한 건 계발하는 걸 우린 내적 성장이라 부른다. 내적 성장을 이루기 위해선 무엇보다 내 안에서 일어나는 생각을 비난하지 말아야 한다. 있는 그대로 인정해주어야 한다. 여기서 인정을 그 생각에 대한 동의로 오해해선 곤란하다. '내 생각은 무조건 옳아.'가 아니라, '그러한 생각이 일어난 데에는 다 이유가 있을 테니 이제 난 그걸 갖고 무얼 할 수 있을까.'라고 고찰할 때 우린 비로소 내적 성장의 가능성을 갖는다.

한나 아렌트는 평범한 사람이 악한이 되는 원인을 그 사람의 나쁜 생각이 아닌 생각 자체를 하지 않는 태도에서 찾았다. 여기서 생각을 하지 않는다는 건 무념무상을 뜻하는 게 아니라, '스스로' 생각하지 않음을 말한다. 즉 사유思惟하지 않는 것이다.

선을 얻기 위해선 악을 사유해야 한다. 악이 무엇인지 알아야 그것을 피해 선을 선택할 수 있다. 마찬가지로 정의를 얻기 위해서도 불의를 사유해야만 한다. 나치에 협조한 사람들은 이러한 사유를 하지 않았다. 왜? 자신의 생각이 절대권력 혹은 절대다수의 생각과 상충할까 봐 두려웠기 때문이다.

섣부른 행동은 위험할 수도 있다. 행동은 당장 눈에 띄기 때문에 권력에게 책잡히고 응징당하기 쉽다. 하지만 생각은 다르다. 나의 생각을 결코 다른 사람이 들여다볼 수 없다. 이러한 생각의 장점을 살려 스스로 생각함을 게을리하지 않는다면 나를 심각한 위험에 빠뜨리지 않으면서도 결국 올바른 판단을 내릴 수 있다. 오스카 쉰들러가 나치 간부들의 의심을 피해 천 명이 넘는 유대인의 목숨을 구했던 것처럼 말이다.

중요한 건 내 안의 나쁜 생각을 없애는 게 아니라 그 생각을 두려움 없이 바라보는 것이다. 그리고 그에 대해 사유하는 것이다. 이것은 내가 내 생각의 주인이라고 선언하는 것과 같다. '나는 이러한 생각을 해선 안 돼.'라는 태도로는 결코 내 생각의 주인이 될 수 없다.

전에 세간의 존경을 한몸에 받던 스님이 방송에 나와 다음과 같은 질문을 받았다.

"스님도 음란한 생각이 들 때가 있나요?"

"항상 들지요."

"스님은 그런 생각을 하면 안 되는 거 아닌가요?"

"저는 그런 생각이 든다고 했지 한다고는 안 했습니다. 가장 경건한 자세로 명상을 하다가도 음란한 생각은 일어나게 마련입니다. 그럼 저는 그 생각을 그저 무심하게 바라봅니다. 그 생각은 비록 내 시선을 빼앗긴 했어도 내 마음까진 빼앗지 못했기에 아무런 힘도 발휘할 수 없습니다."

스님이 음란한 생각에 마음을 빼앗기지 않은 건 자신을 내 생각의 주인으로 여겼기 때문이다. 나쁜 생각을 두려워하지도 않고 좋은 생각에 들뜨지도 않으면서 그저 '지금 나한테 이런 생각이 있구나.'라고만 알아챘던 것이다.

나는 태어나서 나쁜 생각을 한 번도 해본 적이 없는 사람보다 하루에도 수십 번 나쁜 생각이 일지만 '생각은 생각일 뿐'이라고 무심하게 넘길 줄 아는 사람과 친구가 되고 싶다.

왜냐면 전자의 경우 어느 날 갑자기 그에게 나를 해하고자 하는 마음이 생기면 그대로 행동할 확률이 높기 때문이다. 그는 자신의 생각과 다르게 행동하는 법을 알지 못한다. 하지만 후자는 결코 충동에 쉽게 휩쓸리지 않는다. 생각을 함부로 행동으로 옮기지 않는다.

강도가 무고한 사람을 위협하는 데 쓰고 있는 총을 빼앗아 그 강도를 제압하는 데 쓰면 그 총은 좋은 것이 된다. 옷매무새를 단정하게 잡아주는 벨트를 풀어 사람을 때리면 그 벨트는 나쁜 것이 된다. 마찬가지로 생각도 그게 무엇이냐 보다는 어떻게 사용하는가가 더 중요하다.

황금처럼 반짝이는 좋은 생각으로 온몸을 휘감기보단 나쁜 생각을 황금처럼 반짝이는 행동으로 바꾸는 연금술사가 되어야 한다. 그러기 위해선 일단 내 안의 나쁜 생각을 편안하게 바라볼 수 있어야 한다.

그리고 그것을 죄책감 대신 호기심으로 대해야 한다. 그 생각이 일어난 배경이나 원인을 궁금해하고 그것이 행동으로 옮겨질 때 어떠한 결과를 초래할 수 있는지, 그리고 그것이 진짜 내가 원하는 것인지에 대해 자유롭게 '사유'할 수 있어야만 한다.

> 육체적 쾌감을 받아들이는 것이 나쁜 것이 아니라, 그 경험을 잘못 이용하고 낭비하며, 가장 고귀한 곳으로 이르는 수단으로 쓰지 못하고 단순한 마음 상태의 자극으로 삼아 삶의 지친 자리를 메우려는 것이 나쁜 것입니다.
>
> _ R. M. 릴케의 『젊은 시인에게 보내는 편지』 중

제7장

슬픈 것들로부터
백스텝하라

어쩔 수 없는 것들에 대하여

슬픔은 어쩔 수 없는 것을 받아들이지 못하는 데서 발생하는 감정이다. "인간은 슬퍼하는 존재다."라고 하면 뭔가 철학적 수사로 들리지만, 사실 이것은 어느 정도 진실이다. 왜냐면 인간의 삶이란, 요람에서 무덤까지 한순간도 쉬지 않고 어쩔 수 없는 것들을 받아들이는 과정이기 때문이다.

우리는 모두 어쩔 수 없는 것들을 마주한다. 이를테면 죽음이 그렇다. 혹은 노화가 될 수도 있겠다. '시작이 있으면 끝도 있다.'란 명제도 그러하다. 이것을 받아들이지 못해 생기는 슬픔에는 앞서 소개한 네 금쪽이와는 다르게 항시적이라는 특징이 있다.

죽음이 점점 가까이 다가오는 것, 죽은 사람을 다시는 만날 수 없는 것, 늙어가는 것, 기운이 점점 쇠락해가는 것 등은 분노나 두려움, 경멸, 쾌감처럼 일시적인 게 아니다. 그것은 날계란의 속처럼 유동적 운동성을 갖는 우리의 삶을 딱딱하게 고정된 형태로 감싸는 달걀껍데기와 같다. 그것은 늘 우리 곁에 있고 언제나 우리보다 위대하며 요지부동하다. 그것은 불변의 법칙이자 원리요 진리다.

그래서 '어쩔 수 없는 것'은 완전한 무력감을 동반한다. 무력감이야말로 인간이 가장 마주하고 싶지 않은 감정이기에 우린 최대한 그것을 잊고 지내려 노력한다. 하지만 예고 없이 불쑥불쑥 찾아오는 무력감을 전부 막아낼 재간은 없다. 그래서 인간은 슬픈 존재가 되는 것이다.

이거 하나만 기억하라. 인간의 마음 안에는 좋은 게 하나도 없다. 그러니 마음속에만 갇혀 있어선 안 된다. 오해하지 말자. 여기서 내가 말하는 좋은 것이란, '나쁜 점이 하나도 없는 완전히 좋은 것'을 뜻한다.

마음에는 분명 좋아 '보이는' 것들도 있다. 이를테면 건강을 만끽하는 기분, 사랑에 빠진 기분, 노력해서 성과를 낸 기분 등이 그렇다. 하지만 여기엔 숙명적으로 그것과 반대되는 기분도 따라온다. 건강을 잃을 것만 같은 기분, 사랑에 배신당할 것만 같은 기분, 어렵사리 노력해서 얻은 게 한순간 사라져버릴 것 같은 기분······.

초치는 게 아니라 이건 진실이다. 우리의 의식은 내가 보고 싶은 것, 듣고 싶은 것, 인정하고 싶은 것들만 마음속에 남기고 나머진 모두 쓰레기통에 버리고 싶어 한다. 그러나 인생의 3분의 1(대부분 취침 시간) 동안 휴지기를 갖는 의식과 달리 그것의 배후에서 24시간 작동하는 무의식이라는 녀석은 결코 그것을 허락지 않는다. 쓰레기통을 뒤져서라도 기어코 그것들을 우리 앞에 도로 갖다 놓는다.

좋은 것만 취할 수 없다는 건 불변의 인생 진리다. 어떤 사람이 인간인지 귀신인지를 알려면 그림자가 있는지를 봐야 하듯이 좋은 것에도 늘 나쁜 것이라는 그림자가 따라붙게 마련이다.

하지만 너무 실망할 것 없다. 당신의 삶이 얼마나 좋은 가는 당신 마음 안에 좋은 것들이 얼마나 많은 지와는 거의 무관하니까. 사실 그것은 '내가 내 마음을 얼마만큼 수용할 수 있는가'에 달려 있다.

현재 당신의 삶이 좋다는 건, 수많은 좋은 것·나쁜 것들과 함께 살면서 그중 마음으로 받아들이지 못하는 것보다 받아들이고 있는 것이 더 많다는 뜻이다. 그러니 더 좋은 삶을 살고 싶다면 이번 생에 신이 당신에게 허락한 경험과 감정들을 최대한 수용해야 한다.

'나의 삶'이라는 제목의 책을 꼼꼼하게 읽어야 한다. 책의 일부에는 즐거운 내용이 담겨 있을 수도, 일부에는 끔찍한 이야기가 쓰여 있을 수도 있다. 하지만 그 내용에서 빠져나와 보면 흰 것은 종이요 검은 것은 글씨일 뿐이다. 즐겁든 끔찍하든 둘 다 '내 삶'이라는 똑같은 잉크로 쓰여 있다.

이 책 앞부분에서 나는 슬픔이를 포함한 다섯 금쪽이가 모두 좋다고 해야 편안한 마음을 가질 수 있다고 했다. 슬픔이도 당신 마음의 일부다. 그러므로 슬픔이를 모른 척하고 건너뛰어선 안 된다.

물론 슬픔의 강도가 너무 세면 우울감, 무력감, 정신적 마비와 벼랑 끝에 선 기분에 빠질 수 있다. 하지만 슬픔은 또한 사랑과 연민, 관용, 포용, 애틋함 같은 감정과도 자주 연결된다.

그러므로 우린 슬픔을 내 마음에 머물도록 허용하면서도 한편으론 그것을 흰 종이와 검은 글씨로 이루어진, 여느 페이지와 다를 바 없는 장으로서 바라볼 수 있어야 한다. 그렇게 무심한 듯 차분한 마음으로 읽을 수 있는 페이지가 하나둘 늘어나면서 '나의 삶'이란 책은 점점 더 고전에 가까워진다.

삶은 어쨌든 무겁다

「마태복음」에선 부자가 천국에 가는 걸 낙타가 바늘구멍을 통과하는 것에 비유한다. 그만큼 어렵다는 뜻일 게다.

성경은 사후 세계가 아닌 현재의 우리 삶에 관한 이야기라고 믿는 나로선 천국에 간다는 걸 삶의 고통으로부터 해방된다는 의미로 해석할 수밖에 없다. 그러면 부자는 불행할 수밖에 없다는 결론이 나오는데, 과연 그럴까? 물론 불행한 부자도 있겠지만 내가 본 바로는 그래도 돈 없는 사람이 불행한 경우가 훨씬 더 많던데?!

성경 속 부富를 단순히 '돈의 많음'으로 해석하면 우린 그것이 전해주는 지혜를 온전히 맛볼 수 없다. 성경 속 부는 '많음' 그 자체를 뜻한다. 고로 위의 『마태복음』 구절을 해석하면, '많은 자는 고통에서 해방될 수 없다.'가 된다.

그럼 '많은 자'에겐 무엇이 많다는 걸까? 그것은 마음 안에 담겨 있는 나쁜 것과 좋은 것 모두를 의미한다.

보통 나쁜 것은 우리 마음을 무겁게 하고 좋은 것은 가볍게 해준다고 생각하지만, 가방 속에 마약이 잔뜩 들어 있든 『전쟁과 평화』가 들어 있든 무거운 건 매한가지다. 나쁜 것과 좋은 것도 우리 영혼을 똑같이 무겁게 한다. 둘 다 우리에게 고뇌를 선사하기 때문이다.

'어떻게 하면 이 나쁜 것에서 벗어날 수 있을까?'란 고뇌와 '어떻게 하면 이 좋은 걸 계속 소유할 수 있을까?'란 고뇌 말이다. 그래서 성경에서 고통 받는 인간을 (하나의 등껍데기를 업고 다니는)거북이가 아닌 (두 개의 혹을 지고 다니는)낙타에 비유한 것이다.

나쁘게 살면 무거운 죗값이 따라다니고, 착하게 사는 데에는 무거운 양심이 따른다. 아름다움을 유지하려면 무거운 노력이 들고, 아름다움의 결핍에는 무거운 소외가 따라온다. 그러니까 나쁜 것을 취하든 좋은 것을 취하든 어쨌든 인간은 무거움과 마주해야 하는 운명 앞에 놓인 것이다.

이것이 삶이 슬픈 이유다. 삶은 결코 가벼워질 수 없다. 삶은 언제까지나 무거울 텐데 그 무게 때문에 마음이 괴롭다면 바꾸어야 할 것은 삶이 아니라 '나'다.

똑같이 무거운 걸 들고 있어도 형벌로서 들고 있는 사람과 운동을 하려고 들고 있는 사람의 마음 상태는 다르다. 우리도 삶의 무거움을 대하는 태도를 바꾸지 않으면 슬픔에 빠진 마음 상태에서 영원히 벗어날 수 없다.

사랑은 제자리를 지키는 것

내가 어릴 때 유행하던 괴담이 있었다.

한 여학생이 밤늦은 시간이 돼서야 학원을 마치고 집으로 향했다. 홀로 집에 가려니 무서웠다. 주변은 온통 어둡고 길에는 아무도 없었다. 그런데 저 멀리 아파트 단지 입구에서 어머니가 기다리고 있는 모습이 보였다. 반가운 마음에 여학생은 단숨에 달려가 어머니 손을 꼬옥 잡았다. 그리고 두 사람은 함께 아파트 엘리베이터에 올라탔다.

잠시 후. 여학생은 어머니와 단둘밖에 없는 엘리베이터에서 자꾸 누군가 자기를 노려보는 것 같은 느낌을 받았다.

"엄마, 누가 자꾸 날 노려보는 것 같아."

그러자 어머니가 딸을 지긋이 내려다보며 말했다.

"내가 아직도 네 엄마로 보이니?"

지금은 '떡 하나 주면 안 잡아먹지.' 만큼 흔한 대사가 되었지만, 내가 어릴 적 이 말을 처음 들었을 땐 충격과 공포 그 자체였다. 모든 아이들이 그 한 마디에 자지러졌다.

지금 생각하면 그 공포의 9할은 '엄마'라는 설정 때문이었다. 어머니는 이 세상에서 내가 의심할 수 있는 마지막 사람이고 때론 나 자신보다도 나를 더 걱정하는 존재인데, 그런 존재가 페니 와이즈(스티븐 킹의 소설 『IT』에 등장하는 피에로 악마)와 다를 바 없다면 이 세상에 안전한 건 없다는 뜻이니까.

문제는 저 괴담이 단순 납량특집용 오락거리가 아니라 현실이었던 아이들이 실제로 있었다는 것이다. 어제는 괜찮았던 아버지가 오늘은 술을 마시고 들어와 가족을 두들겨 패고, 어느 날 갑자기 어머니가 집을 나가 돌아오지 않는 아이들이 내 주변에 실제로 있었다.

믿음을 저버린 사랑, 신뢰할 수 없는 사랑, 예측 불허한 사랑은 인간의 가장 큰 슬픔의 원인 중 하나이다. 방구석이나 산속에 홀로 틀어박혀 사는 사람들의 마음을 헤집어 보면 거기에선 늘 사랑에 배신당한 상처의 고름이 흘러나온다.

나는 뉴질랜드 오클랜드에서 잠시 살았던 적이 있는데, 처음 그곳에 갔을 땐 자주 길을 잃었다. 외국에 나간 건 그때가 처음이었고 평소 길눈까지 어두운 나였다. 그땐 스마트폰이란 것도 없었다.

그때마다 나의 길잡이가 되어준 건 뉴질랜드에서 가장 높은 건물인 '스카이 타워'였다. 스카이 타워는 시내 어디에서도 보였다. 그것은 늘 그 자리에 있었기에 길을 잃어도 일단 스카이 타워로 가면 다시 길을 찾을 수 있었다.

『논어』에는 이런 말이 나온다.

"덕치란, 마치 북극성이 자리를 지키고 있고 다른 모든 별이 그를 떠받드는 것과 같다."

여기서 '덕치'를 '사랑'으로 바꾸어도 좋다. 다른 별들이 북극성을 떠받든다고 해서 지엄한 위계질서를 떠올릴 필요는 없다. 그저 개인이 타인과 함께 사는 상태를 생각하면 된다. 중요한 건, 북극성이 자리를 지킨다는 사실이다. 내가 내 자리를 지킨다는 것은 타인에게 믿음을 준다는 의미이다. 불혹不惑을 통해서 말이다.

불혹은 나이 마흔을 가리키기도 하지만 원래는 '미혹되지 않는다'란 뜻이다. 그러나 여기서 '혹'을 단순 정욕이나 식욕, 소유욕 등으로 해석하면 그 참의미를 깨닫기 어렵다.

미혹이란, 매 순간 변화무쌍한 외부적 삶에 따라 내 마음도 시시각각 바뀌는 걸 뜻한다. 반면 불혹은 그 외부 세계의 변화에 아랑곳 않고 그저 내 자리를 진득하게 지키는 것이다.

예컨대 바쁘게 돌아가는 외부세상이 타구打球 된 당구공이라고 하면, 불혹의 마음은 당구대라고 할 수 있다. 제아무리 당구공이 여기저기 들이받고 다녀도 당구대는 요지부동이다. 그러면 어느새 당구공도 서서히 속도를 줄이면서 안정을 되찾는다. 물리학자들은 이 공을 멈추게 한 힘을 마찰력 등으로 부르지만 사실 그것은 당구대가 가진 불혹의 힘이다.

수많은 노랫말에 거듭 등장해도 'I'll be there for you.'만큼 로맨틱한 가사가 없는 것처럼 사랑은 제자리를 지키는 것이다. 사랑은 불혹이다. 미혹되지 아니하고 늘 제자리를 지키는 것이다.

이러한 사랑은 안전하다. 그렇다. 사랑은 안전이다. 반짝반짝 눈부시고 짜릿짜릿 몸이 떨리는 사랑도 좋지만 그것이 안전하지 않다면 아무런 의미도 없다.

날씨에 비유하면, 여름엔 덥고 겨울엔 춥고 장마철엔 비 내리고 대설엔 눈 내리는 것이 사랑이다. 사랑은 예측 가능하고 뻔한 것이어야 한다. 사랑은 지루한 범생이가 되어야 한다. 학교-도서관-집 스케줄이 매일 반복되고 그의 사전에 일탈이란 없어야 한다.

사랑이란, 상대에게 변치 않는 안전을 약속하는 것이다. 〈이상한 변호사 우영우〉의 다음 대사는 진정한 사랑이 무엇인지 알려준다.

동그라미: 야! 너 왜 자꾸 날 따라와!
우영우: 너, 너랑 있으면 내가 안전해.

내겐 너무 부족한 사랑

다음은 T. D. 제이크스 목사가 설교 중 들려준 이야기를 내 나름으로 각색한 것이다.

당신은 1리터짜리 물통에 물을 가득 담고 다닌다. 그런데 어떤 사람이 다가와 갈증을 호소한다. 자비로운 당신은 그에게 가진 물을 전부 주었다.

며칠 후, 당신도 똑같이 갈증을 느꼈다. 그러나 물통은 비어 있었다. 그때 그 사람에게 전부 주었기 때문이다. 근데 마침 저기서 한 사람이 다가온다. 당신이 며칠 전 물을 주었던 바로 그 사람이다. 옳다구나 싶어 달려가 그에게 사정을 말한다. 그러자 그 사람은 자기가 가진 물을 당신 물통에 따라준다.

정신없이 물을 들이켜는 당신. 그런데 이게 웬일인가! 이제 좀 목구멍을 적시나 싶더니 물이 동나버렸다. 당신이 마신 건 기껏해야 100ml 정도였다. 당신은 화가 치밀었다.

"이봐요! 난 얼마 전 당신이 목말라할 때 내가 가진 물을 1리터나 줬어요. 그게 어떤 물인지 알아? 그때 내가 가진 전부였다고! 근데 이젠 내가 좀 달라고 하니까 100ml만 줘? 이런 구두쇠 같은 인간!"

그러자 그가 말했다.

"물이 부족해 미안합니다. 하지만 방금 드린 물 또한 제가 가진 전부였습니다. 보다시피 제 물통 용량이 100ml밖에 되지 않거든요."

우리의 가슴은 1리터의 사랑으로 가득 차 있다. 그리고 사랑하는 사람에게 그 1리터의 물을 아낌없이 따라준다. 그런데 그가 돌려주는 물은 100ml에 불과하다. 그것이 우리를 화나고 서운하게 만든다.

그렇다 해도 말이다, 우리는 그 사람의 가슴 속 최대 용량을 알지 못한다. 어쩌면 그 사람이 우리에게 돌려준 100ml가 그가 가진 전부였을지도 모른다.

어느 날 우둔하기로 소문난 한 사람이 부처를 찾아와 제자로 받아줄 것을 청했다. 부처의 제자들이 반대하고 나섰다. 이유인즉 그들이 신통력을 발휘해 그 사람의 전생을 꿰뚫어본 결과 지난 5백 생애 동안 그자와 부처는 아무런 인연도 없었기 때문이다. 그러자 부처가 말했다.

"너희들의 신통력은 아직 부족하다. 그와 나는 5백 생보다 훨씬 이전에 인연이 닿은 적이 있다. 그때 그는 똥개였다. 똥이라면 걸신들린 듯이 먹어치우는 한 마리의 개였다. 그러던 어느 날 하늘 위에서 떨어진 똥이 그의 꼬리에 묻었다. 그런데 그는 꼬리를 힘껏 흔들어 옆에 있는 불탑에 그 똥을 묻혔다. 그 탑은 당시 나의 사리가 묻혀 있던 탑이었다. 그가 묻힌 똥은 당시 그가 가진 모든 양식이었다. 그는 자신이 가진 모든 것으로써 내게 보시했다. 그러므로 그는 나의 제자가 되기에 충분하다."

당신은 당신이 베푼 사랑이 충분히 돌려받지 못하고 있다는 사실에 괴로워하고 있을지도 모른다. 맞다. 그들의 사랑은 부족한 게 분명하다. 하지만 그 부족한 사랑이 그 사람에겐 전부였을 수도 있다.

그랬을 수도 있다. 그랬을 수도.

그리움도 사랑이 될 수 있을까

대학교 입학식장에서 처음 본 그녀. 욕도 잘하고 한 성깔 하지만 인형처럼 예뻤던 그 시절 내가 좋아했던 소녀.

지금도 그녀는 내 꿈에 나온다. 1년에 한두 번, 일정한 주기를 갖고 꾸준히 등장하는 유일한 사람이기도 하다. 『데미안』의 감수성 풍부한 소년 싱클레어가 첫눈에 반한 여자한테 단테의 뮤즈 이름을 붙여 숭배한 것처럼 나도 그녀를 숭배했다.

그녀와 친하게 지낸 건 내 생애 딱 석 달. 2학년 2학기가 돼서야 처음 대화의 물꼬를 튼 우리 두 사람은 그 후로 학교에서도 밖에서도 늘 붙어 다녔다.

사랑이었을까? 일단 그녀는 아니었다. 그녀는 나와 함께 있는 동안에도 '외롭다'는 말을 입에 달고 살았다. 특별히 우울감을 갖고 한 말은 아니었고 그냥 버릇처럼 뇌까렸다. 아무튼, 내가 아닌 다른 남자와의 연애를 꿈꾸는 건 확실해 보였다.

그렇다면 나는? 그녀에게 첫눈에 반했고 1년 반이나 속앓이를 했던 건 사실이다. 하지만 거기에 성적 긴장감 같은 건 전혀 없었다. 〈뽀빠이〉에 나오는 올리브처럼 빼빼마른 그녀는 도무지 내 취향이 아니었다.

그럼 사랑이 아니었던 걸까? 내가 그녀를 안고 싶고 만지고 싶어 하지 않았다는 이유만으로 사랑이 아니라고 단정 지을 수 있을까? 그럼 내가 그녀에게 말도 못 붙이고 혼자서 애만 태우던 그때 느낀 감정은 무엇이었을까? 강산이 두 번 바뀐 지금도 그녀를 꿈에서 만나는 건 뭐라고 설명해야 하나?

좋다. 사랑이 아니어도. 하지만 그렇다고 해서 아무것도 아닌 것은 분명 아니다. 그럼 대체 무엇이란 말인가? 찾았다. 그것은 '그리움'이었다.

나는 그녀를 처음 본 입학식장에서 집으로 돌아오는 그 순간부터 항상 그녀를 그리워하고 있었다. 학교에서 간간이 마주쳐도 말 한마디 걸 수 없었던 시절, 그리고 그녀의 얼굴을 마지막으로 본 날로부터 지금 이 순간까지… 거기엔 언제나 그리움이란 감정이 있었다.

그 그리움은 내게 있어 위대하다. 그것은 내게 우주의 기원보다 신비로운 느낌을 선사하고 그것은 삶의 권태와 고통을 한순간에 잊게 만든다. 그것이 그 정도로 위대하지 않았던 순간은 우리 둘이서 붙어 다니던 딱 그 석 달간 뿐이었다. 물론 그때도 행복한 시간임에는 틀림없었다. 하지만 그 행복은 뇌를 자극하는 호르몬의 화학 작용에 다름 아니었다.

반면 그녀를 그리워할 때 나의 머릿속은 멈춘 듯하다. 오직 가슴만이 고요하게 진동한다. 질식할 것 같은 나의 영혼에 산소를 밀어 넣어주는 느낌이다. 그것은 내가 그녀를 '만질 수 없어서 괴로운 존재'가 아닌, '그리움으로 만나는 존재'라는 사실을 받아들였기 때문이 아닐까?

그리움이 반드시 슬픔과 연결돼야 할까? 그것이 그 자체로 완전한 사랑의 형태가 될 순 없는 걸까? 혹자는 말한다. 함께 있지 않으면 그것은 사랑이 아니라고. 그래서 '사랑하기 때문에 헤어진다.'는 건 말이 안 된다고.

오감으로 느끼는 사랑, 그것이 폄훼 당해야 할 이유는 분명 없다. 하지만 오감이 사랑을 느끼는 유일한 수단이 될 필요 또한 없지 않은가?

우리가 떠나보낸 사람들. 이별이든 사별이든. 한때 내 목숨처럼 아끼고 사랑했던 그들을 지금 볼 수 없고 만질 수 없다는 이유만으로 그걸 더 이상 사랑이라고 부를 수도 없는 걸까?

아무래도 좋다. 사랑이 아니면 어떤가. 사랑은 단지 두 글자로 이루어진 단어일 뿐이다. 지금까지 사랑이라는 명목하에 얼마나 많은 사람들이 상대를 괴롭히고 학대하고 심지어 살해하기까지 했던가. 그리고 그럴 때마다 우린 사랑이라는 단어 자체엔 아무런 고귀함도 숭고함도 그 어떤 영적인 힘도 없다는 사실에 얼마나 낙담했던가.

당신은 당신의 삶을 사랑하는가? 물리적으로 함께 있지

않다면 사랑이 아니라고 말하는 사람은 이 질문에 '그렇다'고 답할 자격이 없다. 결국, 나의 삶이란 것도 물리적으로 더 이상 함께할 수 없는 과거로 가득 차 있기 때문이다. 같은 강물에 두 번 발을 담글 수 없듯이 과거 또한 두 번 다시 살 수 없다. 그러므로 '나는 나의 삶을 사랑한다'고 말할 수 있으려면 사랑에 오감이 필수불가결하다는 주장을 철회해야 할 것이다.

나는 오늘도 그리워한다. 내가 사랑했던 사람들을. 때론 죽음으로, 때론 인연이 아니었음으로 떠나보내야 했던 그들을. 한때 내가 그들에 대한 그리움으로 고통 받았던 이유는, 사랑은 오감으로 느끼는 것이라는 세간의 믿음을 그대로 받아들였기 때문이다.

이제 우리는 사랑이라는 단어로부터 독립선언을 해야 한다. 당신이 그리워하는 사람에게 느끼는 감정이 사랑이 아니라면 어떤가. 그것에 아무런 이름을 붙일 수 없다 한들 그게 무슨 상관이란 말인가? 이름이 없다고 해서 존재하지도 않는 건 아닌데 말이다.

앞서 언급했던 '매트리스의 숟가락'으로 돌아가 보자. 네오는 왜 동자승처럼 응시하는 것만으로 숟가락을 휠 수 없었을까?

그것은 네오가 아직 보이는 것, 들리는 것, 만져지는 것만으로 세상을 인식했기 때문이다. 그가 살고 있던 매트릭스는 '감각의 세계'였다. 감각으로 인지하는 숟가락은 단단하고 딱딱하기 때문에 보는 것만으로는 결코 휠 수 없다.

동자승이 네오에게 말한다.

"휘고 있는 건 숟가락이 아니라 당신 자신이에요."

그의 말은 수수께끼 같지만, 나는 그것이 이 세상은 내 의지대로 휘었다 폈다 할 수 있는 게 아니라, 나야말로 세상의 의지에 따라 휘었다 펴지는 존재라는 걸 말하는 것이라 생각한다. 말하자면 나는 세상의 의지로써 연주되는 악기에 달린 하나의 현弦에 불과하다.

당신은 졸릴 때 침대로 걸어가 누울 수 있다는 사실만으로 당신이 자유의지를 지닌 존재라고 믿겠지만, 당신이 졸립다는 사실조차 세상의 의지에서 비롯되었을 수 있다. 그 자유의지가 세상의 의지를 결코 넘어설 수 없는 이유는, 당신이 침대로 걸어가 도착할 때까지 무사할 거란 보장이 전혀 없기 때문이다. 그 사이에 당신은 바나나 껍질을 밟고 미끄러져 죽을 수도 있고, 갑자기 당신이 사는 아파트가 무너져 내릴 수도 있다. 이처럼 지금 내가 살고 있는 1분 1초는 사실상 매 순간 세상의 의지에 내맡겨져 있다. 나는 살과 뼈와 피로 이루어진 존재가 아니라 세상의 의지로 이루어진 존재다.

삶뿐 아니라 죽음도 세상의 일부이기에 내가 사랑하는 사람이 죽은 것도 세상의 의지이다. 그리고 나와 그 사람은 지금도 세상의 의지라는 똑같은 엔진의 작동에 따라 '실재'하고 있다. 다만 살아있는 나한테만 남은 의식이 오감을 유일한 실재의 증거로 여기기 때문에 죽은 사람이 더이상 존재하지 않는다고 말하면서 지나치게 슬퍼하고 있는 것이다.

애도는 죽은 사람을 그리워하면서 슬퍼하기만 하는 게 아니다. 슬퍼하는 건 지극히 생존자 입장에서 취하는 행동이다. 지금 그 사람이 없는 나의 삶이 이전보다 더 나빠졌기 때문이다.

계속 슬퍼하기만 하는 건 죽은 사람이 현재 살고 있는

세상을 내 멋대로 나쁜 곳으로 규정하는 행위이다. 이렇게 생각해보자. 비좁은 원룸 주택에서 나의 유일한 친구가 되어준 반려동물을 어느 날 자연에게 돌려준다면 나는 슬픔에 잠길 것이다. 하지만 자유의 몸이 된 동물도 나처럼 슬플까?

NDE(Near-death experience, 임사체험)는 앞으로 과학적 분석이 좀 더 이루어져야 하는 영역이지만, 지금까지 보고된 바에 따르면 코앞에서 목격한 죽음이 아름다웠다는 게 체험자들의 한결같은 진술이다. 앞에서 언급한 질 볼트 테일러 박사처럼 조그만 램프에서 빠져나온 거대한 지니가 된 것 같았다는 사람들도 많았다.

의식이라는 램프에 갇혀 살고 있는 우리 눈에는 그들이 맞이한 죽음이 비극처럼 보여도 그들은 지금 삶의 밖에서 우리한테 이렇게 말하고 있을지도 모른다.

"여기 생각보다 끝내줘. 그러니 너도 여기 올 때 너무 두려워하거나 슬퍼하지 마."

노자老子가 죽었을 때 생전 그의 친구 진일秦失은 문상을 가서 '영혼 없는' 곡소리만 세 번 내고 나왔다. 상주 노릇을

하고 있던 노자의 제자들이 기가 막혀 그게 친구의 도리가 맞느냐고 묻자, 진일이 답했다.

"저 친구는 세상의 의지에 따라 제때에 태어나 제때에 죽었을 뿐이오. 다만 내 입장에서 저 친구 얼굴을 더 이상 보지 못하는 게 서운해 세 번 곡했을 뿐, 무얼 더 슬퍼하란 말이오?"

이야기 속 진일처럼 우리도 애도할 때 슬픔을 느끼는 시간을 최대한 짧게 가져야 한다. 그리고 그 후로는 감사를 느껴야 한다. 이곳에서 내가 그 사람과 만날 수 있었음에 감사하고, '그리움이라는 완벽한 감각'을 통해 지금도 여전히 그 사람과 만날 수 있음에 감사하고, 그리고 그 사람이 더 이상 이곳에서처럼 오감의 고통에 시달리지 않아도 되는 것에 감사해야 한다.

그것이 진정한 사자死者에 대한 예의이며 세상의 의지에 속한 존재로서 나의 도리이다.

나가는 글

6개월여간의 원고 집필이 마무리되어가는 찰나 위기가 찾아왔다. 중동 지역에서 전쟁이 발발한 것이다. 문득 이런 생각이 들었다.

'지금 내가 쓰고 있는 원고가 과연 가치 있는 글일까?'

지금까진 이 원고가 세상에 반드시 필요하다는 확신이 있었다. 그런데 지금 그것이 흔들리기 시작했다.

뉴스를 보고 있자니 남 일 같지 않았다. 전쟁의 시작을 알리는 학살이 벌어진 곳은 국내 여느 음악 축제 현장과 다를 바 없어 보였다. 그렇다면 휴전국인 우리나라에서도 언제든 같은 일이 벌어질 수 있다는 건데, 지금 내가 마음에 대한 글을 쓰면서 지옥 운운하는 게 맞는 건가 싶었다.

진짜 생지옥은 TV 안에 있었다. 거기에 마음 같은 건 비집고 들어갈 틈이 안 보였다. 오직 폭음과 총성, 비명, 아이들의 울음소리와 시신 더미만 가득했다.

며칠 간 글을 쓸 수 없었다. 그러다가 우연히 요가 스승 사드구루Sadhguru의 다음과 같은 말을 듣게 되었다.

"가족은 범죄다."

이유인즉슨 한 사람이 태어나서 나 자신과 동일시하는 최초의 집단이 바로 가족이기 때문이란다. 그리고 나이를 먹어가면서 그 대상은 점점 더 다양해진다. '우리' 동네, '우리' 학교, '우리' 당, '우리'나라….

이처럼 내가 속한 집단을 나와 동일시하기 시작하면 곧장 '그들'이라는 적이 생긴다. 그들로부터 우리를 지키려다가 이 세상은 전쟁통이 되어버렸다는 게 사드구루의 지론이었다.

그의 말을 듣고 나서 나는 집필에 대한 욕구를 되찾을 수 있었다. 왜냐면 지금 내가 쓰고 있는 글 또한 '나'와 '나의 마음'을 동일시하고선 80억 개의 '다른 마음'들과 싸우면서 생기는 고통을 다루고 있기 때문이다. 한 사람 한 사람의 이 같은 고통이 모여 전쟁을 일으킨다는 결론에 다다르자 비로소 내 책이 의미를 되찾았다.

"인간의 모든 문제는 혼자 조용히 방에 앉아 있지 못하는 데서 비롯된다."

파스칼이 한 이 말에서 '혼자 조용히 방에 앉아 있음'은 무얼 뜻하는가? 바로 백스텝이다. 백스텝을 시작하면 그동안 내가 타인의 마음을 지나치게 두려워해 왔다는 걸 알게 된다. 그리고 그것을 극복하기 위해 폭력성에 의존하거나 극단적 쾌락으로 도망쳐왔다는 사실 또한 알게 된다.

하지만 정작 내가 가장 두려워하는 건 타인 없는 세상, 즉 세상에 나 혼자만 남겨지는 것이란 사실 또한 깨닫게 된다. 소동파의 시가 말하듯 제아무리 천상의 소리를 내는 거문고라 해도 연주자의 손가락과 만나지 못하면 그저 나무통에 불과하니까 말이다.

그러므로 두려움 없이 타인과 스킨십 하여 내 삶에 아름다운 곡조를 울려 퍼지게 할 수 있는 최고의 방법, 이름 하여 백스텝을 소개한 이 책은 세상에 나올 명분이 충분하지 않을까.

가장 먼저, 이 책이 세상에 나올 수 있게 해준 미다스북스에 감사드린다. 알다시피 나는 알려진 작가도 SNS 인플루언서도 인기 유튜버도 아니다. 그런 내 책을 출판한다는 것은 오늘날 위축된 도서 시장을 고려해볼 때 모험이자 큰 도전이었으리라. 그럼에도 나의 원고가 지닌 힘을 믿고 아낌없이 지원해준 미다스북스에 다시 한 번 감사를 전한다.

'그 어떤 순간에 처해 있어도 용기를 내서 원하는 바를 실천하는 것만이 너를 구하는 최선의 방법이다.'라는 어머니의 편지가 지금도 내 지갑 속에 들어 있다. 수많은 출판사의 문을 두드렸지만 출간 계약을 하자는 소식이 없어 낙담하고 있을 때 이 같은 가족의 응원이 없었더라면 이겨내기 힘들었을 것이다. 이 자리를 빌려서 가족에게 깊은 감사를 표하고 싶다.

나의 첫 책을 읽고 날카로우면서도 애정이 듬뿍 담긴 전문적 조언을 건넨 『나는 나로 살기로 했다』의 김수현 작가님에게 무한 감사를 드린다.

또한, 내가 생애 처음으로 책 쓰기에 도전할 때부터 나의 가장 든든한 지원군이자 팬이 되어준 김반석 님, 유용한 피드백을 제공해준 김미리 님, 늘 신선한 자극과 동기부여를 선사하는 남예은 님, 선배 작가로서 훌륭한 롤 모델이 되어주는 허지영 작가님, 촌철살인의 조언을 아끼지 않은 고정욱 작가님, 일일이 밑줄까지 쳐가며 내 책을 읽어준 박지원 앵커님, 포기하지 말고 끝까지 밀어붙이라 용기를 준 김진수 작가님, 대학생 시절 내가 쓴 글도 가치 있는 글이 될 수 있다는 믿음을 처음으로 심어준 홍성란 시인님, 나의 열혈독자를 자처한 오랜 벗 고은숙 님, 건강하고 생산적인 독서토론을 통해 내 삶을 처음 책과 연결해준 박희남 님에게 감사를 전한다.